墨香财经学术文库

"十二五"辽宁省重点图书出版规划项目

山西省"1331工程"重点创新团队建设计划
（批准号晋教科〔2017〕12号）资助
山西省高等学校哲学社会科学项目（2020W069）资助
山西财经大学青年科研基金项目（QN-202009）资助

U0674773

Research on the Influence of Control Rights

Allocation Characteristics to State-Owned Enterprises
Investment Efficiency in Mixed Ownership Reform

控制权配置特征对混合所有制
改革国有企业投资效率的影响研究

翟君 ◎ 著

东北财经大学出版社
Dongbei University of Finance & Economics Press

大连

图书在版编目（CIP）数据

控制权配置特征对混合所有制改革国有企业投资效率的影响研究 / 翟君主编.
一大连：东北财经大学出版社，2020.9
（墨香财经学术文库）
ISBN 978-7-5654-3899-8

Ⅰ．控… Ⅱ．翟… Ⅲ．股权结构-影响-国企改革-投资效率-研究-中国
Ⅳ．F279.21

中国版本图书馆CIP数据核字〔2020〕第121326号

东北财经大学出版社出版发行

大连市黑石礁尖山街217号　邮政编码　116025

网　　址：http：//www.dufep.cn

读者信箱：dufep @ dufe.edu.cn

大连永盛印业有限公司印刷

幅面尺寸：170mm×240mm　字数：156千字　印张：11.25　插页：1
2020年9月第1版　　　2020年9月第1次印刷
责任编辑：李　栋　孔利利　　责任校对：众　力
封面设计：冀贵收　　　　　版式设计：钟福建
定价：48.00元

前言

改革开放40多年来，中国经济取得了举世瞩目的成就。国有企业在中国经济体制改革与发展的过程中，起到了至关重要的作用。习近平总书记在2016年10月出席全国国有企业党的建设工作会议上强调，国有企业是中国特色社会主义的重要物质基础和政治基础，是我们党执政兴国的重要支柱和依靠力量。

然而，由于国有企业特殊的产权性质，其公司治理始终存在着所有者缺位、政企不分、内控制度与管理机制不健全等股权、控制权与治理权结构的问题，严重影响着经营效率、投资决策及企业发展。针对国有企业存在的问题，中国共产党第十八届中央委员会第三次全体会议审议通过了《中共中央关于全面深化改革若干重大问题的决定》，要求积极发展混合所有制经济，推动国有资本与非国有资本优势互补，促进国有资产保值增值，提高全社会资源配置效率。混合所有制改革并不单纯是"形式上的混"，更重要的是以"混"为手段、"改"为目的，改善国有企业股权与控制权结构，促进国有企业做大做强。从联通集团混合所有制改革的经验可以看出，股权结构的多元化、异质性董事参与董事会治理，必然引发企业控制权配置变革。那么，控制权配置改革是如何提高国有企业运行效率的？这种改革是否有利于国有经济发展？本书从混合所有制改革国有企业投资效率的视角，深入研究混合所有制改革中的控制权改革及其内在特征对国有企业投资效率的影响，为正确评价国有企业混合所有制改革成效，探寻有效的国有企业控制权配置提供经验证据。

基于以上分析，本书构建"控制权配置改革—混合所有制改革国有企业投资效率"与"控制权配置特征—股权结构—混合所有制改革国有企业投资效率"的理论与实证研究框架，选取混合所有制上市公司与外资企业2013—2019年相关数据，采用多元回归与双重差分方法检验了控制权配置改革对混合所有制改革国有企业投资效率的影响，特别是控制权对等性、控制权制衡性、控制权集中性以及控制权独立性与混合所有制改革国有企业投资效率的关系，并进一步分析了股权结构在上述关系中的调节作用。研究结果显示：

（1）本次混合所有制改革中的控制权配置改革可以显著提高混合所有制改革国有企业的投资效率。

（2）控制权的对等性与制衡性对混合所有制改革国有企业投资不足有显著改善，但会使企业加重过度投资水平；控制权集中性越低，混合所有制改革国有企业过度投资水平越恶化，而企业投资不足的问题可以得到有效缓解；控制权独立性越高，混合所有制改革国有企业投资效率越高。

（3）在股权集中度较高的组，控制权制衡性对混合所有制企业投资不足的缓解与过度投资的恶化更为显著；在股权集中度较低的组，控制权独立性对投资效率的提升也更为明显。

（4）在高股权制衡组，控制权对等性对混合所有制改革国有企业投资不足水平的改善与过度投资水平的恶化更为显著；同时，随着控制权集中性的降低，混合所有制改革国有企业投资效率显著提高，且投资不足的问题有所缓解，而过度投资情况显著恶化。在低股权制衡组，较低的控制权集中度则更有助于提高混合所有制改革国有企业投资效率。

本书具有如下创新或研究意义：

（1）在研究混合所有制改革的基础上深入研究控制权结构改革的影

响，而且进一步从国有企业控制权配置的对等性、制衡性、集中性、独立性等内在特征，系统、深入地研究它们对国有企业投资效率的影响，实现了国有企业控制权配置的特征化研究，为优化控制权改革及其配置提供了经验证据。

（2）将控制权改革及其配置特征的研究置于股权结构（集中度或制衡度）的基础之上，进一步考察了混合所有制改革国有企业股权结构对控制权配置特征（对等性、制衡性、集中性、独立性）与投资效率关系的影响，实现了股权与控制权由单一向整合的研究过程，为将国有企业混合所有制改革的股权结构优化推进到股权结构、控制权结构，以及两者关系的全面优化，提供理论依据。

（3）研究混合所有制改革国有企业的控制权改革及其配置特征对投资效率的影响，丰富了投资效率影响因素研究的文献。

此外，本书研究结论具有如下政策建议：

（1）国有企业混合所有制改革，不但要优化股权结构，而且要优化控制权结构，合理确定控制权的对等性、制衡性、集中性、独立性，将控制权配置保持在合理水平，防止过高或过低的极端配置，提高国有企业投资效率，促进国有企业做大做强。

（2）在国有企业混合所有制改革中，进一步加强董事会建设，充分发挥异质性董事的互补优势，有助于形成兼具效率性与制衡性的法人治理结构，从而提高国有企业的社会竞争力与市场活力，推动国有企业的改革稳步向前。

上述的研究意义和政策建议，对于国有企业及其主管部门合理设计混合所有制改革的控制权配置，有效处理控制权配置与股权配置的关系，具有启示意义；对于混合所有制改革后的国有企业通过优化控制权配置，提高投资效率，具有较好的指导意义；对于投资者通过对混合所有制改革国有企业控制权配置特征的分析，理性做出投资决策，有一定的借鉴意义。

作　者

2020 年 6 月

目录

第1章 绪论

1.1 选题背景与研究意义

1.1.1 选题背景

（1）国有企业是国民经济发展的中坚力量。

由于中国特殊的国情与历史背景，为了维护国家主权，奠定国有经济在国民经济中的主体地位，建立较为完善的市场运作机制，国有企业在中国应运而生。作为中国特色社会主义的支柱，国有企业在国家经济中扮演着重要角色，截至 2017 年年末，我国共有 A 股上市公司 2 754 家，市值总额 51.4 万亿元。其中，国资控股上市公司 1 031 家，市值总额 25.3 万亿元，户数占比 37.4%，市值占比近 50%，范围涉及实体、金融以及其他各领域。《国务院关于 2017 年度国有资产管理情况的综合报告》显示，2017 年全国国有企业资产总额 183.5 万亿元，负债总额 118.5 万亿元，国有资本及权益总额 50.3 万亿元。

国有企业是我国基本经济制度的重要组成部分和实现形式，承担着增强国家经济实力、国防实力和民族凝聚力的历史重任。《中共中央关于完善社会主义市场经济体制若干问题的决定》指出："坚持公有制的主体地位，发挥国有经济的主导作用。积极推行公有制的多种有效实现形式，加快调整国有经济布局和结构。要适应经济市场化不断发展的趋势，进一步增强公有制经济的活力。"中共十八大报告指出："要毫不动摇巩固和发展公有制经济，推行公有制多种实现形式，深化国有企业改革，完善各类国有资产管理体制，推动国有资本更多投向关系国家安全和国民经济命脉的重要行业和关键领域，不断增强国有经济活力、控制力、影响力。"要强化国有经济的主导作用，增强国有经济的控制力和竞争力，就要不断巩固国有企业的基础地位，深化国有企业改革，提高国有企业的竞争力与抗风险能力，推动中国经济的高质量发展。

（2）国有企业普遍存在公司治理问题，投资效率相对较低。

国有企业由于所有权与控制权掌握在政府手中，两权集中度较高，治理效率较低（Shaprio 和 Willig，1990；Boyko 等，1995）。我国国有企业公司治理问题的根源在于"一股独大"的股权治理结构与不完善的现代企业制度（吴敬琏，1994）。一般而言，集中型股权结构企业股东对企业的控制力较大。然而在我国，国有资产归全民所有，缺乏真正的所有者，因此造成所有权在现实中虚置，形成事实上的"所有者缺位"，且在"两权分离"情况下，所有者缺乏对经营者的有效监督，控制权与剩余索取权职责不对等，"内部人控制"问题较为严重。同时，由于我国国有企业委托代理链条较长，国有资产逐级委托至各级政府，各利益群体目标不一致，产生信息不对称问题，国有企业激励与监督机制失衡，因此，我国国有企业存在严重的治理效率问题。

我国作为典型的投资驱动型经济主体，作为国民经济"三驾马车"之一的投资是推动我国经济发展的最主要方式。企业作为国家经济的微观组成部分，其投资极大影响着国家经济的发展水平。历年各类型企业固定资产投资水平见表 1-1，2013—2017 年我国国有企业固定资产投资增长率除 2014 年低于非国有控股企业外，其他年份均高于非国有控股企业，并在 2016 年达到 19.47%，显著高于同时期非国有控股企业固定资产投资增长率。因此，相对于非国有企业投资来看，我国国有企业投资一直具有较高的增长水平。

表1-1　　　　　　　历年各类型企业固定资产投资水平　　　　　单位：亿元

年份	全社会固定资产投资额	增长率	国有控股企业固定资产投资额	增长率	非国有控股企业固定资产投资额	增长率
2013	435 747.40	—	144 133.60	—	291 613.80	—
2014	501 264.90	15.04%	161 379.70	11.97%	339 885.20	16.55%
2015	551 590.00	10.04%	178 933.10	10.88%	372 656.90	9.64%
2016	596 500.80	8.14%	213 775.50	19.47%	382 725.30	2.70%
2017	631 684.00	5.90%	233 586.20	9.27%	398 097.80	4.02%

资料来源：由作者查询国家统计局官网数据整理所得。

然而，较高的投资增长率并不意味着较高的投资效率，随之而来的是作为市场经济微观基础的企业过度投资或投资不足等非效率投资行为的频繁发生。我国国有企业投资增长水平虽高于民营企业，但投资效率相对较低。莫小鹏（2015）从国有企业与民营企业投资的角度，考察了两种类型企业投资收益率的差异。结果显示，国有企业与民营企业投资收益率变化趋势基本相同，但国有企业投资收益率显著低于民营企业。根据科斯定理，民营企业的效率高于国有企业（宋志平，2015）。对于国有企业而言，国家作为其所有者，企业的管理成本被无限放大，包括内部管理与监督成本，此时，"信息不对称"问题凸显，造成国有企业投资效率低下（王小鲁，2013）。同时，国有企业作为国民经济发展的中坚力量，在政策领域、信息渠道以及政府审批等方面具备一定的先天优势，在企业投资领域存在相应的市场壁垒，缺少其他竞争者，从而产生过度投资行为，丧失提高投资效率的动力。

（3）我国进入国有企业混合所有制改革新阶段。

自中共十四届三中全会确立按照"产权清晰、权责明确、政企分开、管理科学"的现代企业制度发展方向进行国有企业改革之后，我国正式开始了持续不断的国有企业改革，力求使国有企业真正成为市场的主体。国有企业是我国国民经济的支柱，2013年11月，中共十八届三中全会发布的《中共中央关于全面深化改革若干重大问题的决定》提出"积极发展混合所有制经济。国有资本、集体资本、非公有资本等交叉持股、相互融合的混合所有制经济，是基本经济制度的重要实现形式，有利于国有资本放大功能、保值增值、提高竞争力，有利于各种所有制资本取长补短、相互促进、共同发展。允许更多国有经济和其他所有制经济发展成为混合所有制经济"，进一步明确了混合所有制经济的重要地位。2015年8月24日，中共中央、国务院印发《关于深化国有企业改革的指导意见》，该《意见》指出："到2020年，在国有企业改革重要领域和关键环节取得决定性成果，形成更加符合我国基本经济制度和社会主义市场经济发展要求的国有资产管理体制、现代企业制度、市场化经营机制，国有资本布局结构更趋合理，造就一大批德才兼备、善于经营、充满活力的优秀企业家，培育一大批具有创新能力和国际竞争力的国有骨干企业，国有经济活力、控制力、影响力、抗风险能力明显增强。"

2015年制定的《中共中央、国务院关于深化国有企业改革的指导意见》与《国务院关于国有企业发展混合所有制经济的意见》进一步明确了国有企业发展混合所有制经济的基本原则、主要任务、推进方式、操作规则、环境营造、组织实施等方面的顶层设计。至此，我国开始了国有企业与其他所有制资本有序混合的新阶段，混合所有制成为推进国有企业改革和打破垄断的重要实现形式。

党的十九大报告进一步提出"深化国有企业改革，发展混合所有制经济，培育具有全球竞争力的世界一流企业"。我国国有企业混合所有制改革呈现出步伐加快、领域拓宽的良好态势。

（4）国有企业混合所有制改革对完善公司治理结构，提高企业投资效率具有重要意义。

伴随改革开放40多年的发展，中国经济正处于由单一向复合、由计划向市场的转轨时期。在这一阶段，我国国有企业的进步与发展不仅受到内部治理结构与经营方式的影响，而且与国家及政府的政策干预和信贷支持等息息相关。国有企业是国民经济的中坚力量，推行国有企业混合所有制改革，对国有资本保值增值、放大国有资本功能、提高国有企业市场竞争力，具有重要意义。

我国始终坚持"以公有制为主体、多种所有制经济共同发展"的基本经济制度，混合所有制作为基本经济制度的重要实现形式，是国有企业改革的重点和突破口，对于国有企业改革具有"牵一发而动全身"的作用。混合所有制改革在国有企业中广泛引入非国有资本，促进国有企业股权多元化以及投资主体多元化，从而形成了多种产权相互制衡的企业内部法人治理结构，有效减少国有企业委托代理问题，改善国有企业"一股独大"与监管缺失的问题。随着非国有资本话语权的提升，国有企业投资决策的公平公正性得到有效改善（李春玲等，2017），投资效率提高。

因此，深化国有企业混合所有制改革，在充分发挥国有企业技术与资金等方面独特优势的同时，充分汲取其他所有制企业的优势，实现多种所有制经济的深度融合和有机统一，真正实现政企分开、政资分开。同时，大力发展与规范资本市场，发挥市场在资源配置中的决定性作用，通过资源再配置释放效率红利，提升全社会的资源配置效率。进一步研究国有企业改革新定位，由混合所有制改革"试点期"向混合所有制改革"推广期"推进，由"快速"向"稳定"转变，由"点"向"面"发展，推动上下联动，在降低国有股权的同时，加快完善国有企业法人治理结构，健全混合所有制企业治理机制，完善市场化经营机制，增强国有企业市场竞争力，建立符合市场需求的"新国有企业"，从真正意义上提高国有企业治理水平。最终以混合所有制经济为载体，完成国有经济布局的战略性调整。

（5）控制权配置是国有企业混合所有制改革的关键问题。

2017年7月，联通集团正式发布下属中国联通股份有限公司混合所有制改革方案，引入包括四大互联网公司与产业基金在内的战略投资者，并实施核心员工持股计划。混合所有制改革后的中国联通股份有限公司如图1-1所示，联通集团占股下降至36.7%，战略投资者合计占股35.2%，核心员工持股2.7%，从而实现了股权结构的多元化。

然而，仅对股权结构进行重新分配，很容易形成类似国有企业"所有者缺位"的问题，造成"国有所有者缺位"，非国有所有者实际掌管

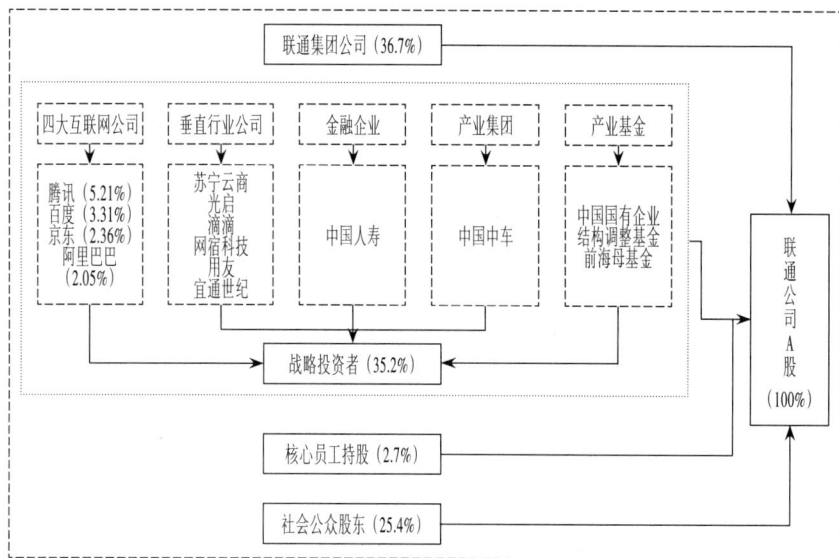

图 1-1 "混合所有制改革"后中国联通股权结构图

资料来源：本图由作者根据资料采用 Visio 绘制。

混合所有制企业。刘汉民等（2018）认为，控制是对决策的审核与监管，这种权力在企业中则表现为董事会的权力。合理安排国有董事与非国有董事在混合所有制企业董事会中的数量，完善董事会结构对国有资产的保值增值，实现国有企业由"混"至"改"的转变，有助于形成具有新型所有制形态的混合所有制企业。因此，对于联通集团而言，"混合所有制改革"的关键问题还在于形成拥有异质性董事相互制衡的董事会结构，即控制权配置结构。本书对联通集团混合所有制改革前后的董事会结构进行了比较，如图 1-2 所示，"混合所有制改革"前中国联通共有董事 7 人，除 3 名独立董事外，剩余 4 人均为联通集团派驻董事；"混合所有制改革"后中国联通董事会成员 13 人，其中第一大股东联通集团董事 3 人，占比 23%；独立董事 5 人，占比 38.5%；其他股东董事 5 人，占比 38.5%，包括中国人寿、腾讯、百度、京东以及阿里巴巴等战略投资者派驻董事，形成了异质性董事制衡的控制权结构以及控制权与股权的非对等配置。"混合所有制改革"前后中国联通董事会结构图如图 1-2 所示。

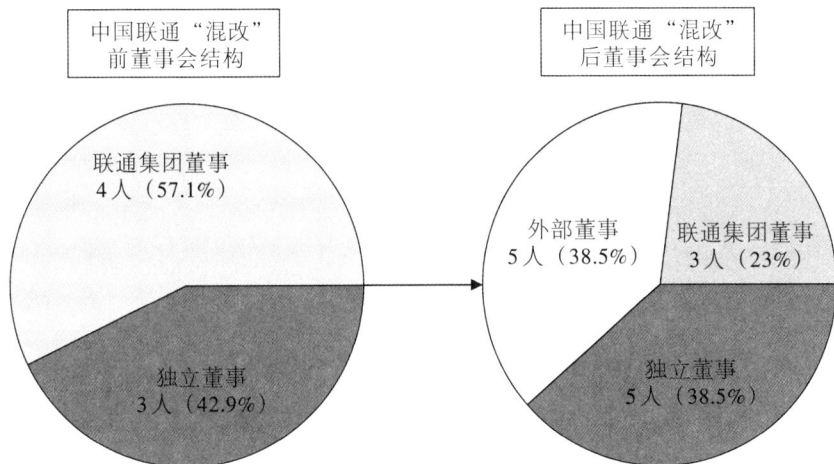

图1-2　"混合所有制改革"前后中国联通董事会结构图

资料来源：本图由作者根据资料采用 Visio 绘制。

中国联通 2017 年财报显示，其全年实现主营业务收入 2 490.2 亿元，同比增长 4.6%；自由现金流达到人民币 492.1 亿元，同比提高 5.6 倍；资产负债率达到 46.5%，同比下降 16.1%。因此，对于中国联通而言，"混合所有制改革"的关键就在于形成拥有异质性董事相互制衡的董事会结构，即控制权配置结构。非国有董事进入董事会，与国有董事共同制定企业发展战略与投资决策，既形成有效制衡，又发挥了他们优秀的经营管理能力和对市场的敏感与适应能力，有助于提高企业内部决策的效率与效果。此外，通过对董事会结构的重新安排，完善国有企业控制权结构与公司治理结构，将有效缓解因公司制企业所有权与控制权分离而产生的代理问题，从而提高国有企业治理效率。

综上所述，混合所有制改革后国有企业内部控制权是如何重新分配的？控制权的配置都有哪些特征？这些特征又对国有企业投资效率产生怎样的影响？股权结构又是如何影响控制权特征与国有企业投资效率、过度投资以及投资不足之间的相互关系的？这些问题都值得我们深入研究。

国内外学者针对企业投资效率的影响，一般都是从公司治理的角度展开分析，研究其对投资效率的影响机理，包括股权结构、董事会特征、管理者特征以及财务信息等。很少有学者针对我国当前混合所有制改革背景下，由股权结构的混合带来的控制权重新配置对国有企业投资效率产生的影响展开深入分析。因此，在我国经济高质量发展新阶段与国有企业改革的大背景下，研究控制权配置特征对企业投资效率的影响很有必要。

1.1.2 研究意义

（1）理论意义。

①提出了控制权配置特征的测度方法。

目前已有的对企业控制权配置的研究均是将控制权作为一个整体研究其对投资效率的影响，并定义为在公司所持有的表决权或董事会席位的多少，而没有按照控制权的不同特征分类对其进行界定。本书在合理划分控制权配置特征的基础上，对各特征的测度方法进行了合理构建，其中控制权集中性采用实际控制人控制权（表决权）比例进行度量，控制权对等性运用第一大股东董事占比与股权占比比例表示，控制权独立性采用董事与经理兼任程度测度，控制权制衡性则是采用第二大股东董事占比与第一大股东董事占比的比例进行衡量。随后，选取2013—2017年我国国有上市公司的经验数据，运用金融、财务、公司治理以及计量等不同学科的理论，分析并实证检验了控制权配置特征在股权结构存在差异时对国有企业投资效率的作用机理，为进一步研究企业内部公司治理问题提供了经验证据与实践方法。

②为优化控制权改革及其配置提供经验证据。

本书认为，某一控制权主体占有董事会席位的多少表示其所拥有的控制权。国有企业通过混合所有制改革，董事会结构发生变化，来自非国有资本的外部董事更多地进驻企业，由此带来了企业控制权结构的重新构建。本书在研究混合所有制改革的基础上深入研究控制权结构改革的影响，而且进一步从国有企业控制权配置的对等性、制衡性、集中性、独立性等内在特征，系统、深入地研究它们对国有企业投资效率的影响，表明了怎样的控制权结构有助于提高国有企业投资效率，对于在不同类型国有企业的控制权结构、优化国有企业股权结构与控制权结构、完善国有企业公司治理体系与权力配置模式以及构建国有企业内部治理的监督体系、优化控制权改革及其配置等方面进行深刻剖析提供了经验证据，并具有一定的指导与借鉴意义。

③为深入研究股权结构与控制权结构的关系提供理论依据。

本书将控制权改革及其配置特征的研究置于股权结构（集中度或制衡度）的基础之上，进一步考察了混合所有制改革国有企业股权结构对控制权配置特征（对等性、制衡性、集中性、独立性）与投资效率关系的影响，为将国有企业混合所有制改革的股权结构优化推进到股权结构、控制权结构，以及两者关系的全面优化，提供理论依据。

④丰富了企业投资效率影响因素的相关理论研究。

从现有文献的发展与演进看出，以往文献从公司内部治理与外部环境对投资效率影响因素进行了较为丰富的剖析，其中内部影响因素包括股东层面、董事会层面以及经理层面等的研究。本书根据混合所有制改革后股权多元化带来的控制权结构变化，认为控制权配置特征应分为控制权对等性、控制权制衡性、控制权集中性以及控制权独立性等四项特征，并基于以上特征界定，进一步分析了这四项特征分别对国有企业投资效率产生的影响，从而丰富了有关企业投资效率的相关影响因素研究，为后续研究国有企业控制权配置特征与企业投资效率奠定理论基础，具有较好的借鉴作用。

（2）实践意义。

①加深了对国有企业混合所有制改革的理解与运用。

目前学者们关于企业投资效率的研究没有将其纳入我国当前正在进行的国有企业改革与混合所有制改革的背景下，对控制权配置在此背景下与投资效率关系的研究相对匮乏。因此，本书考虑混合所有制改革大背景，立足中国经济高质量发展的宏观环境，研究了股权结构、控制权结构以及公司治理理论在混合所有制改革中的适用性，有助于加深对国有企业混合所有制改革的理解与灵活运用，进一步将相关政策落实改进，实现国有资产的优化布局，国有企业的保值增值、做大做强，形成政府对国有资产的协同监管。

②有利于政府部门根据国有企业混合所有制改革产生的效果制定相应政策，改进管理模式，实现改革的目标与愿景。

本书认为，股权结构、各股东董事占比、董事与经理兼任程度等是影响国有企业投资效率的重要因素，对这些问题的研究，为相关政府机构完善公司治理制度环境与国有企业投资等的相关政策法规，指导国有企业进行混合所有制改革的董事会建设，党组织建立，厘清股东大会、董事会与经理层权责力关系提供了理论基础与经验证据。

综上所述，本书的研究以国有企业混合所有制改革为背景，进行理论分析并采用实证方法检验了控制权配置特征对国有企业混合所有制改革投资效率的影响，并针对国有上市公司股权结构的差异，进一步进行了分析，研究结论既丰富了当前公司治理的相关理论，又为混合所有制改革的实践过程提供了必要的理论指导，有助于我国更好地发展与完善国有企业混合所有制改革与控制权配置改革。

1.2 研究目标与内容

1.2.1 研究目标

本书研究的总体目标在于厘清国有企业内部控制权具有的特征，全面系统地验证混合所有制改革后控制权配置特征对混合所有制企业投资效率的影响，为优化混合所有制企业控制权配置、保障混合所有制改革顺利进行、促进经济高质量发展，提供经验证据。该研究内容与结论为国有企业合理安排控制权配置结构、董事会结构、提高企业投资效率等提供了可靠的理论依据，具体目标有以下几点：

（1）系统分析控制权配置改革对国有企业投资效率的政策效果。

（2）全面系统、合理有效地确定混合所有制改革国有企业控制权特征及其测度方法。

（3）厘清国有企业内部控制权所具有的控制权对等性、制衡性、集中性以及独立性对企业投资效率、过度投资以及投资不足产生影响的作用机理与影响路径，为混合所有制国有企业提高投资效率提供经验证据。

（4）厘清混合所有制改革对国有企业股权结构以及控制权结构产生

的影响，以及其对国有企业投资效率的影响路径，为混合所有制国有企业提高投资效率提供理论基础与经验证据。

1.2.2 研究内容

本书基于国有企业改革视角，研究在混合所有制改革背景下，控制权配置特征对投资效率的影响，并将股权结构作为控制权配置特征与投资效率的纽带，研究了不同股权集中度与股权制衡对两者关系的作用机理，本书的研究内容具体可以总结为以下四个部分：

首先，本书基于我国国有企业混合所有制改革背景，运用双重差分模型，进行理论分析并采用实证方式检验了混合所有制改革对国有企业投资效率的影响，从而证实了混合所有制改革的政策效果。

其次，本书基于不完全契约理论、委托代理理论、信息不对称理论、公司法以及混合所有制改革相关政策制度等，从理论上分析了混合所有制改革后，国有企业内部控制权结构及特点，确定了混合所有制企业控制权配置特征，并构建了控制权集中性、控制权对等性、控制权独立性以及控制权制衡性的测度方法，主要解决了国有企业在混合所有制改革前后控制权配置具有哪些特征的问题。

再次，本书从控制权配置四大特征：控制权集中性、控制权对等性、控制权独立性以及控制权制衡性角度出发，分析了它们对国有企业投资效率、过度投资以及投资不足产生影响的理论基础，并在此基础上进行了相应的实证分析，主要解决了怎样的控制权配置结构有助于提高国有企业投资效率的问题。

最后，本书基于国有上市公司股权集中度与股权制衡两个维度，进行理论分析并采用实证方法检验了控制权配置四大特征在国有企业内部股权结构存在差异时与投资效率的关系，主要解决了由混合所有制改革导致的股权结构差异给控制权结构与投资效率的关系带来哪些影响的问题。

综上所述，本书按照"混合所有制改革—国有企业投资效率"与"控制权配置特征—股权结构—国有企业投资效率（非效率投资）"的模式展开研究，具体研究框架与内容如图1-3所示，共分为9个章节：

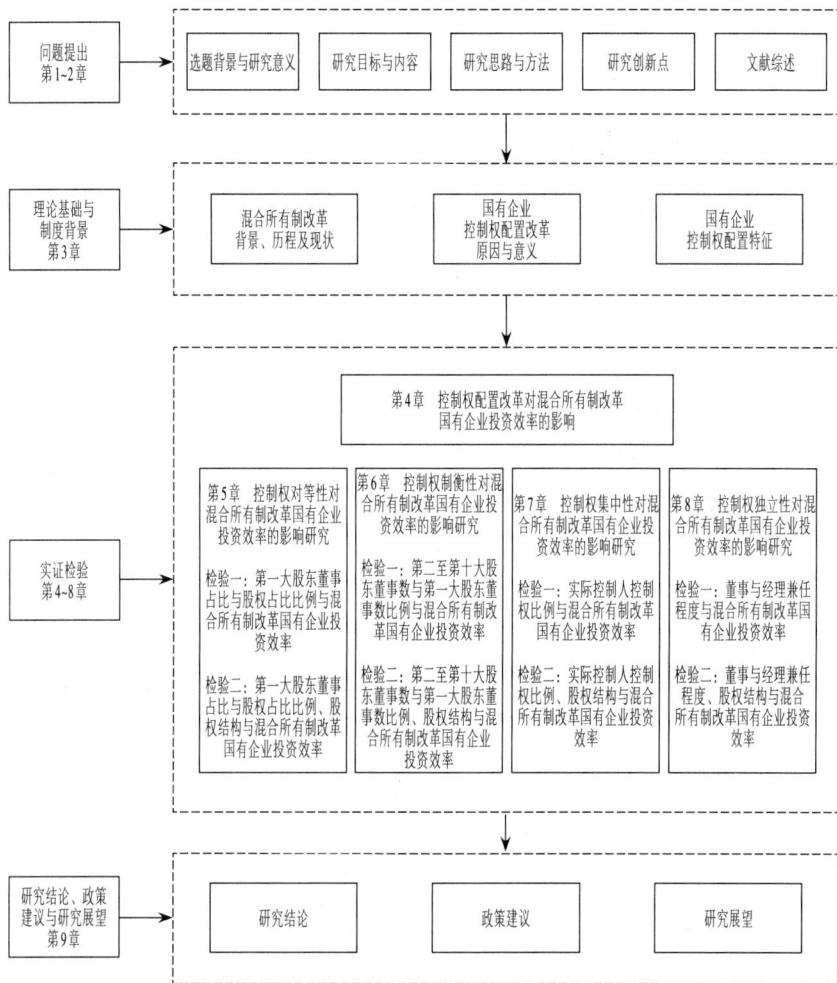

图 1-3　本书研究内容及框架图

资料来源：本图由作者根据研究框架与思路采用 Visio 绘制。

1.3　研究思路与方法

1.3.1　研究思路

本书的研究思路与技术路线按照"研究目标—问题提出—理论分析—实证检验—研究结论"的框架，如图 1-4 所示，逐一展开：

研究步骤	研究内容	研究方法

研究目标
- 分析控制权配置改革对国有企业投资效率的政策效果
- 界定国有企业控制权配置特征及其测度方法
- 理清混合所有制国有企业控制权配置特征与投资效率的关系
- 理清混合所有制改革对国有企业股权结构与控制权结构产生的影响，及其对国有企业效率的影响路径

问题提出

研究背景：
- 国有企业是国民经济发展的中坚力量
- 国有企业普遍存在公司治理问题，投资效率相对较低
- 我国进入国有企业混合所有制改革新阶段
- 国有企业混合所有制改革对完善公司治理结构，提高企业投资效率具有重要意义
- 控制权配置是国有企业混合所有制改革的关键问题

公司内部治理对投资效率影响研究综述	控制权配置研究综述	混合所有制改革对国有企业的影响研究

文献研究法

理论分析

混合所有制改革相关政策与理论	控制权配置相关理论	企业投资效率相关理论

归纳演绎法

实证检验

有混合控企合制业所投有资权效配率置改改革革的对国

控制权对等性、股权结构与混合所有制改革国有企业投资效率	控制权制衡性、股权结构与混合所有制改革国有企业投资效率
控制权集中性、股权结构与国有企业投资效率	控制权独立性、股权结构与混合所有制改革国有企业投资效率

双重差分模型；Richardson残差模型；面板数据分析法；LOS回归模型；2SLS方法；分组检验；似无相关估计检验等

研究结论

研究总结与展望

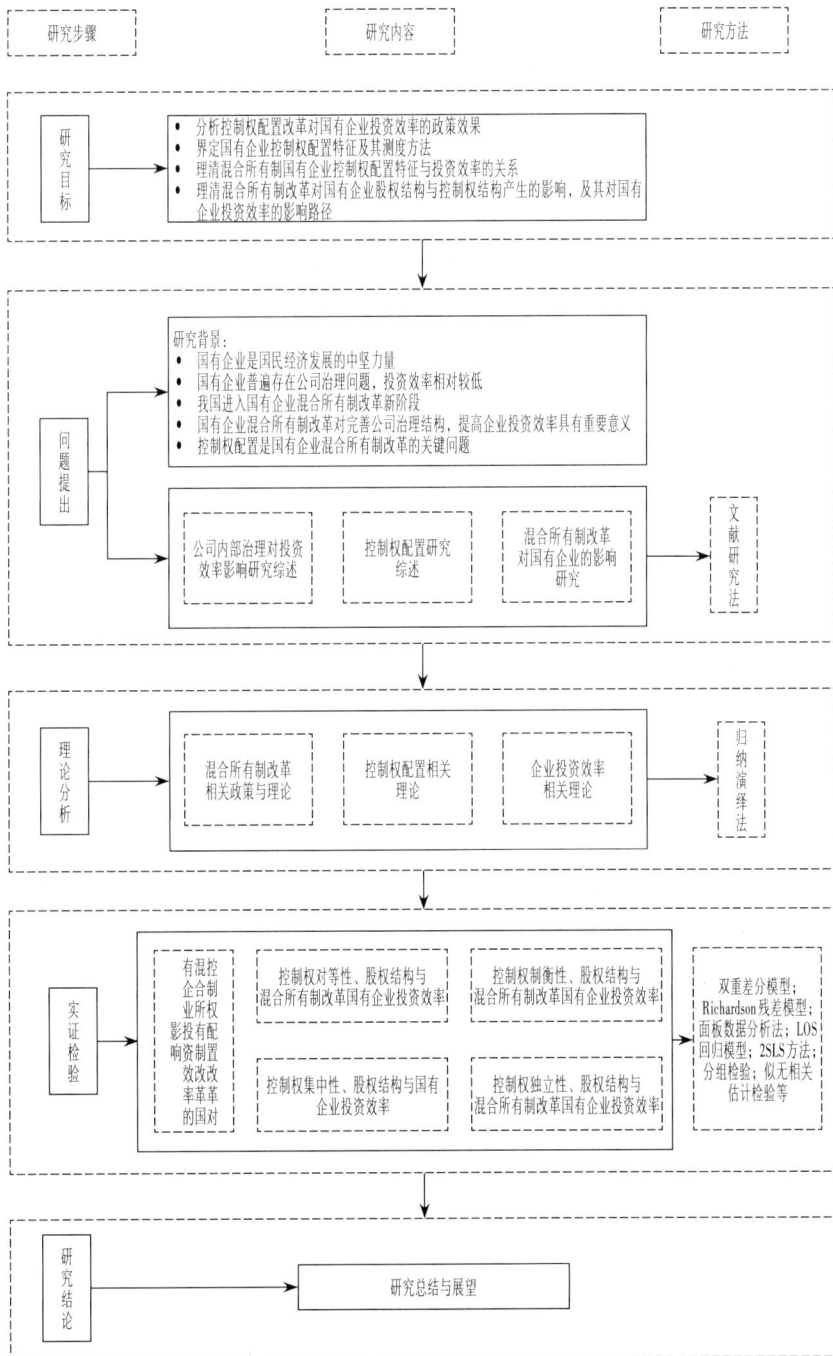

图1-4 研究思路图

本书以国有企业混合所有制改革为背景，以混合所有制企业控制权配置特征全维度特定分析为逻辑起点，以投资效率提高与否作为判断控制权配置合理性的标准，分别从控制权配置的对等性、制衡性、集中性、独立性四个方面，运用混合所有制改革相关理论、控制权配置理论以及企业投资效率理论等，系统研究了控制权集中性、控制权对等性、控制权独立性以及控制权制衡性对国有企业投资效率的影响，并根据研究结论提出相应的政策建议与对未来的展望。

1.3.2　研究方法

（1）整合研究法：本书第1章对研究背景进行了总结，第2章归纳总结了控制权配置与投资效率的相关文献。首先，从股权结构、董事会特征以及管理者角度梳理了企业投资效率的影响因素；其次，对控制权含义、影响因素与经济后果相关文献进行总结；最后，综述了控制权配置对企业投资效率影响等方面的文献。经过对已有文献的梳理，发现当前研究对混合所有制改革大背景下控制权配置特征以及其与国有企业投资效率关系的研究鲜有涉及，由此看出本书研究内容的创新性。

（2）档案研究法：本书采用档案研究法，从相关数据库、网站、书籍、文件等搜集企业股东、董事信息，解决控制权配置特征测度问题，分析并检验控制权配置特征、股权结构以及国有企业投资效率之间关系的基本理论与作用机理。

（3）双重差分法：本书基于控制权配置改革的"自然实验"过程，运用双重差分模型（DID）的检验逻辑，实证分析了控制权配置改革对国有企业投资效率的影响，对今后研究混合所有制改革以及控制权配置改革的效果具有借鉴意义。

（4）面板数据回归分析法：本书采用面板数据回归分析法实证检验了控制权集中性、对等性、独立性与制衡性对国有企业投资效率、过度投资与投资不足的影响，随后考虑当股权集中度与股权制衡水平存在差异时，控制权配置特征与投资效率之间的关系，并得出相关结论。最后运用替换相关变量、自变量滞后一期以及2SLS方法等，对实证研究进行了稳健性检验，以确保研究假设的合理性与研究结论的可靠性。

1.4 研究创新点

（1）本书系统、深入研究了控制权配置特征对混合所有制改革国有企业投资效率的影响，实现了国有企业控制权配置的特征化研究。前期文献将控制权作为整体，研究其经济后果，包括控制权配置对企业价值、公司绩效以及企业并购等的影响（Hayward 和 Hambrick，1997；孙永祥，等，1999；王季，2009；刘芍佳等，2003；刘兴强和段西军，2006；王鹏和周黎安，2006；周瑜胜和宋光辉，2014），并未对控制权配置特征属性进行归纳与定义。本书在研究混合所有制改革的基础上深入研究控制权结构改革的影响，且进一步从国有企业控制权配置的对等性、制衡性、集中性、独立性等内在特征，研究它们对国有企业投资效率的影响，为优化控制权改革及其配置提供了经验证据。

（2）本书完成了股权与控制权由单一向整合的研究过程。前期文献对股权集中度、股权制衡与股权性质等与企业投资效率的关系多有涉及，针对控制权配置对投资效率的影响也零星存在（La Porta，1999；Almeida 和 Wolfenzon，2006；安灵等，2008；徐细雄和吕金晶，2011；徐细雄和刘星，2012；窦炜等，2016）。本书将控制权改革及其配置特征的研究置于股权结构（集中度或制衡度）的基础之上，进一步考察了混合所有制改革国有企业股权结构对控制权配置特征（对等性、制衡性、集中性、独立性）与投资效率关系的影响，为将国有企业混合所有制改革的股权结构优化推进到股权结构、控制权结构，以及两者关系的全面优化，并提供理论依据。

（3）本书丰富了投资效率影响因素研究的文献。由于当前我国对混合所有制改革的重点推进与实施，使其逐渐成为学术界与实务界关注的重点与热点，但针对混合所有制改革下控制权配置的研究凤毛麟角。本书将对国有企业投资效率的研究放入特定的制度背景下，研究混合所有制改革国有企业的控制权及其配置特征对投资效率的影响，拓展了公司治理的研究领域，丰富了投资效率影响因素研究的文献，符合当下时代背景，具有一定的政策借鉴意义。

综上所述，本书以国有企业混合所有制改革作为背景，研究了控制权配置特征对国有企业投资效率的影响，该研究在视角与内容上都具有一定的创新性，为后期研究提供了相应的理论支撑，丰富了投资效率影响因素研究，拓宽了公司治理的研究领域，对国有企业完善公司治理结构具有一定的借鉴意义。

第2章 文献综述

2.1 控制权配置相关研究

2.1.1 控制权配置含义研究

控制权来源于公司治理范畴，它是企业股东、董事会、经理层相互之间的权力制约与权力分配。学者们普遍认为，控制权包含内部控制权与外部控制权两种（朱海英，2014）。Berle 和 Means（1932）最早提出了控制权的概念，他们认为，控制权是对董事会及其成员进行选举的权力。Fama 和 Jensen（1983）指出，控制权是由管理者掌握的决策管理权与股东掌握的决策控制权构成的。部分学者认为，控制权是在股东、董事与管理者中有效配置的权力（Hart 和 Moore，1995；瞿宝忠，2003；Kaplan 和 Stromberg，2004；胡天存和杨鸥，2004；窦炜等，2016）。刘红娟和唐齐鸣（2004）考察了股东、董事与经理层面的控制权，同时对人力资本带来的控制权加以关注。他们认为，董事会控制权分布是通过第一大股东中的董事比例与经理层董事比例加以区别的，股东控制权分布是通过2/3、10%、30%以及50%对控制权加以区分的，且实现分权与制衡有利于公司治理有效性的提高。Philippe等（2004）认为，控制权随着公司绩效的变化在投资者与管理者间转移，并呈显著正相关关系。徐细雄和刘星（2012）考察了管理者与控制权配置的关系，他们认为，投资者拥有核心控制权而管理者拥有一般控制权，企业控制权会在管理者与投资者之间进行动态转移。当企业绩效较好时，投资者将控制权赋予管理者；当企业绩效较差时，投资者将控制权进行干预或转移。近年来，学者们对控制权配置的研究主要体现在董事会层面，控制权配置即是对企业董事会的合理安排。傅瑜和申明浩（2013）通过对家族企业的关联交易进行研究指出，家族利用金字塔式持股方式，控制公司董事会，从而获得公司控制权。

也有部分学者们针对外部控制权进行了相关研究。控制权市场最早由学者Henry（1965）提出，他认为，控制权由内部控制机制与外部控制机制组成，外部控制机制则由公司并购、要约收购以及代理权竞争等组成。外部控制权通常是指控制权市场（朱海英，2014）。黄惠（2014）认为，在我国，控制权的外部监管主体（政府机关、股东监督机构国资委）以及经理人市场均未发挥良好的监管作用，因此导致控制权配置失衡。

2.1.2 控制权配置影响因素研究

控制权作为企业决策的直接或间接影响因素，其配置过程受到多方面因素的影响，其中包括内部治理因素与外部环境因素。

（1）内部治理因素对控制权配置的影响。

第一，考虑管理者特征对控制权配置的影响。有学者认为，管理者的专业技能以及他们利用能力、经验与人脉等获取的有用信息，是控制权有效配置与使用的关键（Aghion和Tirole，1997；Dessein和Wouter，2002；Cornelli和Yosha，2003）。国内学者对管理者特性与控制权配置的关系也做出了相应研究。首先，以创业企业为研究样本，陈森发和刘瑞翔（2006）考察了在创业企业中控制权的分配问题，结论表明，在创业企业中，控制权以动态变化的方式进行分配，投资者与企业家个人能力、信任程度等均会影响控制权的配置情况。其次，以风投企业为研究样本，发现管理者特质与控制权配置有显著关系，包括管理者的年龄、教育水平、政治背景等（吴斌和刘灿辉，2010；吴斌和黄明峰，2011）。最后，以家族企业为研究样本，马丽波和陈旺（2012）引入组织能力的中间变量，研究了企业家能力在家族企业中控制权配置过程所起到的影响作用。他们认为，在家族企业生命周期的不同阶段，企业家识别、获取、管理资源的能力及其学习能力可以推动企业控制权的演进，并进一步影响企业绩效。

第二，考虑企业内部治理结构对控制权配置的影响。研究发现，企业控制权配置会受公司治理结构的影响，包括股权结构与董事会结构，合理的股权结构有利于降低企业两权分离率，而有效的董事会设计可以确保企业控制权配置的合理性，它们均是企业控制权配置的制度保障（Bebchuk 和 Fried，2004；徐细雄和刘星，2012）。

第三，企业控制权配置还可能受其他因素的影响，如李金龙等（2006）研究了在风险投资中控制权配置与转移的影响因素，结论指出，风险企业中的控制权转移作为一种动态过程，会受到私人利益、现金流权以及创业声誉等因素的影响。

（2）外部环境因素对控制权配置的影响。

控制权配置除了受企业内部治理因素的影响，还与外部制度环境，法治水平以及政府干预等方面有一定相关性。国内学者针对外部环境与控制权配置的因素做出了深入的研究，研究发现，企业控制权配置不仅受制度环境、司法保护制度、政府行为以及资本市场特征等宏观因素的影响（王雷等，2010；徐细雄和刘星，2012；李刚和侯红，2016），而且受行业竞争水平、市场化程度，以及经理人制度等中微观因素的影响（徐细雄和刘星，2012；叶建宏等，2013；李刚和侯红，2016）。

2.1.3　控制权配置经济后果研究

（1）控制权配置对企业价值的影响。

Aghion 和 Bolton（1992）最早明确提出了控制权配置概念，并研究了控制权配置与企业价值的关系。虽然从普遍意义上来看，企业股权与控制权应统一，但在现实中往往存在一些控制性大股东对公司的隐形控制，他们可以通过分离公司所有权与控制权的方式来实现自身利益的最大化。

部分学者在研究了控制权比例与企业价值的关系后发现了大股东利用控制权配置所产生的"利益掏空"现象。有学者研究发现由于大股东掌握企业控制权，他们会直接参与或监督企业的经营管理，还可能利用关联交易等方式侵占小股东利益，损害企业价值，用以满足自身目的，且这种行为在股权集中度高的企业更为常见（Grossman 和 Hart，1988；Dyck 和 Zingales，2004；Doidge 等，2009）；也有学者通过研究控制权最优比例发现，大股东的控制权比例与企业价值呈非线性关系，具体为 U 型关系（孙永祥和黄祖辉，1999；王力军，2006），且这种控制权比例会侵占小股东利息，损害企业价值（陈晓红等，2007）；还有学者得到了与上述研究相反的结论，如周瑜胜（2012）以 2003—2010 年的上市公司为研究样本，考察了大股东控制权比例对公司价值的影响，研究发现，公司价值随大股东控制权比例上升而增加，然而控制权比例过大又会侵害小股东利益，从而降低公司价值，因此，两者共同作用的结果为公司价值随大股东控制权比例上升而小幅度增加；王季（2009）则针对控制权比例与企业价值的关系做出了更为精确的研究，他将控制权配置模式划分为 18 种，并发现当第一大股东持股 30% ~ 50% 且由股东与经理层所组成的董事会比例均衡时，企业价值最大，公司治理效率最高。

（2）控制权配置对公司绩效的影响。

第一，考虑控制权主体性质与公司绩效的关系。控制权主体不同，公司绩效水平就存在显著差异（Chen 等，2006）。有学者针对产权、控制权与公司绩效提出了三者的渐进关系（刘芍佳等，2003；王甄和胡军，2016），由于产权性质的改变，企业控制权发生转让，由此将带来公司绩效的改变；也有学者对比了不同控制主体下的企业绩效水平，如徐莉萍等（2006）研究了控股股东性质的不同对企业绩效的影响，他们认为，央属国有控制人企业绩效高于地方国有控制人企业绩效，而私有控制人企业绩效仅与一般国有控制人企业绩效相似。

第二，考虑控制权结构与公司绩效的关系。刘兴强和段西军（2006）采用1994—2005年的国有上市公司数据，研究分析了控制权结构对公司绩效的影响机理，以及制度环境对控制权结构形成的作用，他们发现，外部控制权降低公司绩效水平，而内外结合的混合控制权可以显著提升公司绩效水平，且对于国有上市公司，制度背景对控制权结构的配置起重要作用。万丛颖（2014）以2016年战略性新兴产业上市公司为研究对象，考察了政府干预对企业控制权结构及公司绩效的调节关系。她认为，在战略性新兴产业中，实际控制人控制权比例越高，公司绩效水平越高，且政府干预调节控制权与企业投入产出率呈正相关关系。

第三，考虑终极控制权与公司绩效的关系。学者们基于最终控制人视角，用"侵占效应"表示控制权，用"激励效应"表示现金流权，研究控制权与企业绩效的关系，并发现当控制权作用大于现金流权时，即"侵占效应"大于"激励效应"，企业绩效下降（Claessens 等，2000；王鹏和周黎安，2006）。也有学者从其他视角研究了终极控制权与公司绩效的关系，如甄红线等（2015）认为，从代理成本的角度看，较为集中的终极控制权可以抑制代理问题，提高公司绩效，且当外部制度制约水平较低时这种正向作用更明显。

（3）控制权配置对企业并购的影响。

在一般情况下，控制权掌握在大股东手里，但"两权分离"导致了管理者与股东之间的委托代理问题，管理者拥有了企业更多的控制权，从而对企业并购活动产生影响。在大部分前述研究中，学者们从管理者拥有控制权角度对控制权配置与企业并购行为进行了一系列研究。

第一，考虑大股东拥有控制权对企业并购的影响。有部分学者发现，当股权结构较为集中时，具有控制权的大股东会通过并购活动提高自身利益，造成其他投资者与公司整体利益的损失（Jensen，1986；Bae 等，2002），这种关系是线性的。朱冬琴和陈文浩（2010）则得出了与以上学者不同的观点，他们通过研究终极控制人控制权对企业并购绩效的影响发现，企业控制权以及两权分离度均与企业并购绩效呈现非线性关系。此外，控制权性质差异对企业并购的影响也不尽相同，周瑜胜和宋光辉（2014）认为，大股东或实际控制人性质差异会对并购绩效产生不同影响，其中国有股控制与企业并购绩效显著负相关，法人股控制与企业并购绩效显著正相关。

第二，考虑管理者拥有控制权对企业并购的影响。国外学者普遍认为，当管理者拥有控制权时，他们会由于缺乏有效的约束、过度自信或对自身控制权的保护等因素的主导而出现一些不利于企业发展的并购行为，从而给企业带来较差的并购绩效，且并购次数越多，绩效越差（Hayward 和 Hambrick，1997；Billett 和 Qian，2008；Scott 等，2011；Harford 等，2012）。国内学者的结论与国外学者基本一致，如周瑜胜和宋光辉（2014）对我国上市公司2004—2012年的股权收购样本进行的研究发现，在股权分散企业中，管理者拥有的企业控制权水平较高，会对企业并购绩效产生负面影响。

（4）控制权配置对企业投资效率的影响。

第一，考虑无中间变量的控制权配置对企业投资的影响机理研究。一般而言，控制权的谋私行为会损害企业绩效水平，引发过度投资等非效率投资，降低企业投资效率（Rajesh，2003；Morellec，2004；安灵等，2008）。类似地，控制权与现金流权的"两权分离"，也会导致企业发生非效率投资，且两权分离程度越高，非效率投资水平越高（La Porta 等，1999；Almeida 和 Woflenzon，2006；吴红军和吴世农，2009；李维安和钱先航，2010）。张洪波和王国顺（2011）从经理人角度研究了控制权配置机制对企业过度投资行为的影响，研究结果表明，经理人应配置合理的控制权以达到企业效率最大化。当市场与股东监管力度较高时，经理人更高的控制权配置可以缓解企业非效率投资；而当企业委托代理问题较为严重时，经理人控制权的配置应降低。也有学者从控制权配置模式出发，研究了其与投资效率的关系，如窦炜等（2011）还检验了不同控制权配置模式对企业投资效率与非效率投资的影响。他们认为，第一大股东持股比例过高会造成控制权的失衡，从而加剧企业非效率投资；股东间控制权的相互制衡会抑制企业过度投资，却加剧投资不足；而股东间的勾结行为则会加剧企业过度投资，但对企业投资不足却存在一定程度的缓解。因此，应从企业内部控制权配置模式入手研究其与资本配置效率以及企业投资的关系，为企业经营决策服务（窦炜等，2015）。

第二，考虑有中间变量的控制权配置对企业投资的影响机理研究。有学者利用"金字塔层级"，研究了控制权配置与投资的关系，如程仲鸣等（2008）以我国地方国有上市公司2002—2006年的经验数据进行研究发现，"金字塔层级"的企业控制模式与过度投资水平显著负相关，而在政府干预下的地方国有企业过度投资水平更高。刘运国和吴小云（2009）则研究了金字塔控制结构、控制权与现金流权两权分离及终极控制人产权属性对控股股东"掏空"行为的影响，他们认为，当企业控制层级越小时，终极控制人权力越强，企业非效率投资水平越高。徐细雄和吕金晶（2011）利用2002—2005年中国上市公司经验数据研究了企业控制权配置属性在金融契约结构下与企业投资效率的关系。研究指出，控制权配置需在金融市场中进行，第一大股东持股比例与企业过度投资水平显著正相关，流通股比例与企业过度投资呈负相关关系，且企业过度投资水平随控股股东性质的不同而不同，在民营企业中较低，在央属国有企业中居中，在地方国有企业中较高。徐细雄和刘星（2012）之后通过考察董事长与总经理两职合一、管理者任期及内部晋升三方面问题，研究了控制权配置与企业过度投资行为的关系，结论表明，管理者的控制权越强，企业过度投资的水平越高；反之企业过度投资的水平则越低。郝颖等（2012）考察了在终极控制下资本配置对企业投资的影响，结果表明，终极控制在不同所有权性质下对资本的投入水平不同，而终极控股股东现金流比例的不同，也造成了其对资本投入水平的差异。

（5）控制权配置对其他经济后果的研究。

除上述有关控制权配置对公司价值、绩效及并购的影响，学者们还将控制权配置相关研究涉及其他领域，如股利政策、关联交易等方面。王毅辉和李常青（2010）采用2004—2007年的上市公司样本，研究了在不同终极产权性质下，控制权结构对企业股利政策的影响机理，他们指出，当股东拥有企业平均39%的股份时可以实现对企业的终极控制。进一步研究发现，企业控制权与现金流权均与其股利支付水平显著正相关，且随着控制层级与两权分离度的不同，企业股利政策也存在显著差异。傅瑜和申明浩（2013）以我国家族类上市公司为研究样本，考察了控制权配置对企业关联交易的影响。他们将家族类上市公司分为企业家控制型和资本家控制型两种，并指出：资本家控制型企业的控制权与现金流权偏离度越高，企业关联交易程度越高，且两权分离度与企业关联交易呈显著正相关关系。朱海英（2014）以2006—2012年的深圳上市公司为研究对象，将控制权配置分成30种模式，考察了控制权配置对企业股权激励的作用机理，研究表明，第一大股东持股比例与企业股权激励水平显著负相关；独立董事比例与企业股权激励水平显著负相关；且当董事长总经理两职合一时，股权激励业绩水平较差。黄惠（2014）研究了控制权配置与高管腐败的关系，她认为，从股东层面控制权考虑，第一大股东持股比例与高管腐败程度显著负相关；从董事会层面考虑，董事会规模、独立董事比例以及设立审计委员会均能有效抑制高管腐败行为；从经理层面考虑，两职合一促进了高管腐败行为的发生。

2.2 投资效率相关研究

OECD提出，公司治理是企业各利益相关者之间的"权、责、利"关系。公司治理应包括狭义公司治理与广义公司治理。Blair MM（1995）指出，狭义的公司治理是指公司股东与董事会的功能以及结构。吴敬琏（1994）则认为，狭义的公司治理是指企业的一种组织结构，它应包含公司董事、股东以及经理层三部分。在广义公司治理理论中，公司治理本质上是一种制度要求，它是对公司控制权与所有权的深入探讨。投资作为企业资源配置的方式，对企业发展具有重要意义，因此，对投资效率的研究一直是学术界与实务界关注的热点，已有文献对公司内外部因素与投资效率的关系进行了持久且深入的研究，现就公司治理对企业投资效率的影响做出以下梳理：

2.2.1 股权结构与企业投资效率

股权结构是指不同类型的股权、股份在某个企业主体中所占的比例，它是公司治理的基础，有助于企业更好配置资源与控制风险，因而影响企业内部治理机制，影响企业投资（简建辉、黄平，2010）。Jensen和Meckling（1976）认为，股权结构首先对企业投资决策产生影响，进而影响企业价值。股权结构一般由股权性质、股权集中度及股权制衡三种类型构成。

（1）股权性质对企业投资效率的影响。

国内学者普遍认为，我国上市公司存在明显的非效率投资行为。首先，从投资效率来看，国有企业投资效率相对较低，陈晓明和周伟贤（2008）研究发现，企业国有股权水平与投资效率显著负相关。其次，从非效率投资角度看，国有控股上市公司过度投资行为相较于非国有企业更为普遍，且国有控股上市公司更倾向于通过过度投资来提升企业价值（黄福广等，2005；唐雪松等，2007；张栋等，2008）。陈艳（2009）将国有控股划分为国家控股和国有法人控股两部分，她认为，国有法人控股可以有效缓解企业非效率投资，但国家控股却丧失了此项作用。简建辉和黄平（2010）则将国有企业细分为地方国有企业与中央国有企业，并通过研究发现，地方国有企业过度投资问题显著大于民营企业，但过度投资问题在中央国有企业中并不明显。

类似地，国外学者也对股权性质与企业投资效率的关系进行了相应研究。Sun和Tong（2003）考察了国有股、法人股与外资股对企业绩效的影响，他们发现，国有股降低企业绩效水平，而法人股有助于提高公司绩效。

（2）股权集中度对企业投资效率的影响。

股权集中度可以有效抑制企业过度投资。在我国，由于"一股独大"的特殊制度背景，学者对股权集中度的研究相对较为丰富，但结论不尽相同。饶育蕾和汪玉英（2006）、陈晓明和周伟贤（2008）、汪平和孙世霞（2009）均认为，股权集中度均能够有效抑制企业非效率投资。也有学者认为股权集中度与投资水平呈非线性关系，如张栋等（2008）认为，股权集中度与企业投资水平呈倒U型关系。熊小舟（2008）、陈艳（2009）则认为，第一大股东持股比例与企业投资水平呈U型关系。

国外学者也研究了股权集中度对企业投资效率的影响。Shleifer和Vishny（1986）研究发现，较为集中的股权结构可以缓解"内部人控制"问题，提高企业绩效。Hoechle 等（2012）认为，由于第二类代理问题，大股东会为了自身利益而侵害其他股东与公司的利益，进行非效率投资，从而使得企业投资效率降低。

（3）股权制衡对企业投资效率的影响。

股权制衡是指控制权掌握在少数几个股东手里，通过内部牵制机制，股东实现相互监督、决策共享。学者们对股权制衡与企业投资效率的关系有不同的研究结论。一些学者认为，有效的股权制衡可以显著降低企业非效率投资（Maury 和 Pajuste，2005；罗进辉等，2008；Attig 等，2013），并通过限制股东侵占行为，提高企业投资效率（吴红军和吴世农，2009）。王菁和孙元欣（2014）则通过研究资本市场绩效压力与企业投资不足的关系发现，股权制衡性越低，企业投资不足水平越低，这说明股权制衡可以有效制约股东的私人行为，从而保护外部投资者。然而，也有学者得出了不同的结论：李香梅（2013）研究发现，股权制衡有效抑制了企业过度投资和控制权私有收益对企业过度投资的影响，但对企业投资不足的缓解作用却不明显。

2.2.2 董事会特征与企业投资效率

《中华人民共和国公司法》第四十六条规定，董事会决定公司的经营计划和投资方案。董事会治理问题从本质上来讲就是公司治理问题，其中有效缓解代理问题也是重要一环。因而，有效的董事会治理机制对规范企业管理者行为，缓解企业非效率投资具有重要意义（王艳林和薛鲁，2014）。董事会治理问题对企业投资的影响，主要集中在独立董事比例、董事会规模和董事长与总经理两职合一三个方面。

（1）独立董事比例对企业投资效率的影响。

目前学者们对独立董事与投资效率的关系进行了广泛研究，但研究结论仍存在分歧。部分学者认为，由于独立董事可以利用其专长对董事会决议产生作用，因此，企业拥有一定比例能力较强的独立董事可以显著提升企业投资决策效率和质量，缓解非理性与非效率投资（Bhagat 和 Black，1999；Gugler 等，2003；Richardson，2006；程柯等，2012；李香梅，2013）。然而，也有学者得到了相反的结论：唐雪松等（2007）

通过研究企业过度投资行为及其作用机理发现，独立董事对抑制企业过度投资效果并不明显；赵卿（2010）也得出类似的结论，他认为，独立董事并没有起到抑制企业过度投资的作用。

（2）董事会规模对企业投资效率的影响。

有学者认为，董事会规模与企业投资效率负相关，如王艳林和薛鲁（2014）认为，董事会作为公司决策的重要部门，对企业投资行为与资源配置起到重要作用，对于自由现金流较为充足的企业来说，董事会规模越大，过度自信的管理者会更倾向于进行投资，因而导致企业过度投资加剧。也有学者认为，董事会规模与企业投资效率之间存在非线性关系，如赵卿（2010）通过研究国有上市公司相关数据发现，董事会规模与国有上市公司的过度投资行为呈现"U"型关系；陈凤和吴俊杰（2014）则认为，董事会独立性与管理者过度自信对企业投资效率起到负向调节作用，而董事会规模作用不显著，因此，他们认为董事会治理中"质"的提升比"量"的作用更为有效。

（3）董事长与总经理两职合一对企业投资效率的影响。

董事长与总经理是否两职合一，反映了企业董事会的独立程度。两职合一提高总经理的自主创新能力，但其监督效果相对较低，可能引起管理者的权力寻租问题。相反，两职分离则可以有效抑制企业内部人控制问题。纵观前述研究结论，对于两职合一与企业投资效率的关系，多数学者认为两职合一将引发企业非效率投资（Jensen 和 Meckling，1976；卢锐等，2008；刘行和叶康涛，2013）。Klein（1998）认为，由于两职合一的企业独立董事比例较低，企业内部董事比例较高，因此造成董事会监督职能无法有效发挥，企业过度投资水平较高。王艳林和薛鲁（2014）实证检验了董事会治理对过度自信的投资者在进行投资决策时所产生的影响，研究发现，当企业具有充足的自由现金流时，董事长与总经理两职合一会加剧管理者过度自信，从而加剧企业过度投资。于晓红等（2016）研究指出，两职合一会增加总经理盈余管理的可能性，造成企业过度投资。然而，也有学者认为，两职合一对企业投资效率并没有显著影响，李鑫（2008）认为，由于企业所处的外部金融环境有所差异，董事长与总经理两职合一和两职分离的区别并没有对企业投资效率产生显著影响；刘慧龙等（2012）也认为，两职合一对企业投资效率的作用并不显著。

2.2.3 管理者因素与企业投资效率

（1）管理者特征对企业投资效率的影响。

Hambrick（1984）认为，年龄、学历、性别以及任期等，都属于管理者特征，这些特征共同决定管理者的能力与决策力。第一，学者们针对管理者年龄与企业投资效率的关系进行了研究（张兆国等，2013；王国明，2017），部分学者认为，管理者随着年龄增大，风险承受能力降低，在进行投资决策时倾向于选择低风险项目，且过度投资水平有所降低（Bantel等，1989；姜付秀等，2009）；也有学者发现，管理者年龄与企业投资效率呈非线性关系，如林朝南和林怡（2014）运用A股上市公司2004—2011年的样本数据，研究了管理者平均年龄对企业投资效率的影响，他们指出，管理者年龄与企业投资效率显著正相关，但随着管理者之间年龄差距的增大，企业非效率投资水平越高，且在国有企业中效果更显著。第二，管理者教育背景对企业投资效率的影响也是学者们所重点关注的话题。部分学者通过研究发现，管理者受教育程度与企业过度投资行为显著负相关（姜付秀等，2009；张兆国等，2013）。也有学者提出相反观点，谭庆美等（2015）研究了管理者权力维度特征与企业过度投资，他们认为，管理者学历越高，且任期越长，其越有可能企图建造自己的帝国，从而加剧过度投资行为。第三，管理者任期也对企业投资效率产生一定影响，研究发现，任期越长的管理者对晋升越敏感，也因此对企业过度投资产生抑制动机。进一步研究发现，这种效果在非国有企业中更为显著（张兆国等，2013）。

（2）管理者权力对企业投资效率的影响。

管理者作为公司内部治理的重要组成部分，其权力结构则是公司治理的核心要素之一，如何合理配置管理者权力，是公司内部治理需要重点关注的问题（干胜道和胡明霞，2014）。卢锐（2008）指出，管理者权力是指当公司内部治理与外部监督失灵时管理者所具备的剩余控制权。目前，国内外学者对管理者权力与企业投资效率及非效率投资进行了系统且深入的研究，但观点却差异较大。

第一，考察管理者权力对投资效率的影响。学者们存在正反两种观点，一方认为管理者权力会降低企业投资效率，如 Hart 和 Moore（1995）以及谭庆美等（2015）认为，管理者可能为了创造自己的"帝国"而加剧企业非效率投资行为，使投资效率降低。徐良果等（2013）实证检验了管理者权力与企业投资效率的关系，研究表明，企业投资效率随管理者权力的扩大而降低，这种影响在非国有控股企业中更显著；但是当管理者权力受到更强的内外部制约或监督时，企业投资效率显著提高；另一方则得出相反结论，如卢馨等（2014）运用6个变量衡量管理者权力强度，3个变量衡量管理者权力持续度，研究发现，管理者能力越强、权力越大，企业投资效率越高，且这种效果在非国有企业中更显著。

第二，考察管理者权力对企业过度投资的影响。其一，从管理者牟取私利角度看，Jensen（1986）基于委托代理理论框架，较早研究了管理者权力与企业投资的关系。他认为，当企业股权较为分散时，缺乏对管理者的有效制约，管理者权力过大，因而他们更有可能为了一己私利而进行过度投资，且过度投资与企业现金流显著正相关。由于管理者权力越大，牟取私利行为越普遍（权小锋等，2010），其他学者，包括 Shleifer 和 Vishny（1986），Bebchuk 和 Fried（2002）也从管理者个人追求的角度探讨了管理者权力与企业投资的关系，他们认为，管理者会为了增加自身权力而过度投资于净现值为负的项目，从而造成公司整体业绩下降。其二，从管理者追求自由现金流角度看，Fresard 和 Salva（2010）以及 Officer（2011）的研究表明，管理者权力越大，可以操控的公司自由现金流越多，这类管理者实施过度投资的机会越大。其三，学者们还从其他角度研究了管理者权力与过度投资的关系，如张丽平和杨兴全（2012）研究了管理者权力、激励以及企业过度投资三者的关系，他们认为，管理者激励会改善企业过度投资，而管理者权力则会弱化这种激励对过度投资的改善程度。王茂林等（2014）研究了管理者权力、现金股利以及企业投资三者的关系，研究表明，管理者权力与企业发放现金股利行为显著负相关，而现金股利支付金额与企业过度投资行为显著负相关，因此管理者权力越大，企业发放现金股利金额越小，带来的过度投资行为越多。李胜楠等（2015）则研究了产权性质、管理者权力与企业过度投资的关系。他们认为，管理者权力加剧了企业过度投资行为，而这种现象在国有企业中更为严重。

第三，考察管理者权力对企业投资不足的影响。相对于管理者权力对企业过度投资的研究成果，学者们对投资不足的相关研究较少。Narayanan（1988）研究表明，当管理者权力越大时，他们更有可能为了维持个人声誉而减少风险较高的投资，从而造成企业投资不足。Noe和Rebello（1997）也认为，管理者为了维护现有地位，倾向于选择自己更为熟悉和稳健的投资项目，从而导致企业投资不足。

（3）管理者激励对企业投资效率的影响。

Jensen和Murphy（1990）指出，对管理者的激励通常包括薪酬激励与股权激励等方式。国外部分学者认为，对管理者的股权激励可以显著抑制企业过度投资（Anderson和Fraser，2000；Datta等，2001）。然而，Rajgopal和Terry（2002）则得出相反的结论，他们认为，管理者持股比例越高，企业过度投资水平越高。国内学者对股权激励与企业投资的关系也做出了较为丰富的研究。周杰（2005）以1998—2002年的上市公司为研究样本，考察了管理者股权激励对企业投资效率的影响，他指出，董事长与总经理持股比例与企业投资效率显著正相关，而监事会持股对企业投资效率无明显影响。蔡吉甫（2009）则研究了自由现金流对管理者持股与企业投资的调节作用，他认为，管理者持股与企业非效率投资显著负相关，且当持股比例为36.64%时过度投资对自由现金流敏感性指标最优。徐倩（2014）考察了股权激励对环境不确定性与企业非效率投资相互关系的调节作用，她认为，股权激励对缓解环境不确定所造成的企业过度投资与投资不足均有显著效果。

同时，部分学者对薪酬激励与企业投资效率的关系也做出了相应研究。辛清泉等（2007）在委托代理理论与我国国有企业薪酬制度背景下考察了经理薪酬水平对企业非效率投资影响，研究发现，对于薪酬激励水平不足的地方国有上市公司，企业过度投资行为加剧。张周等（2010）则认为，当股票市场行情较差时，管理者薪酬越高，企业长期投资效率降低得越显著。詹蕾和王瑶瑶（2013）实证检验了管理者激励与企业投资的关系，研究表明，无论是薪酬激励还是股权激励，当它们不足以达到管理者的目标值时，管理者更倾向于实施过度投资项目来进行权力寻租，这种行为还会增加企业风险，降低企业价值。

2.2.4　外部环境对企业投资效率的影响

企业的一切经济活动都是在一定的外部环境中发生的，因此，企业投资行为也必然因外部环境的变化而有所差异。Faccio（2010）认为，企业政治关联程度越高，其享受的优惠政策越多，如税收优势、信贷优势等，但相比于无政治关联的企业，其资产负债率更高，而资产收益率却更低。李延喜等（2015）通过研究政府干预、金融发展水平与法治水平在不同产权性质下对企业投资的影响发现，政府干预程度、金融发展水平与法治水平在国有企业中，均与企业投资效率显著负相关。Michael（2008）等也发现，政府对资源稀缺型地区企业的投资行为干预较多。多数学者认为（Rawski，2001；赵静和郝颖，2014），政府干预会对企业投资效率带来负面影响。

学者们也从政策环境角度研究了其对企业投资效率的影响。针对产业政策，黎文靖和李耀涛（2014）研究发现，处于产业政策激励行业的企业，投资现金流敏感性上升，但企业投资效率并没有显著提升。考察货币政策后，喻坤（2014）等认为，货币政策对国有企业进行了有效信贷补贴，而增强了国有企业与非国有企业的融资约束差异，因而非国有企业投资效率显著下降。杨兴全和尹兴强（2017）的结论则相反，他们通过研究企业在货币政策紧缩时的投资行为发现，当政府实施紧缩货币政策时，国有企业受到的调控影响不甚显著，但在民企中调控影响较为明显。另外，学者们还对其他政策与企业投资效率的关系进行了研究，如张玲和朱婷婷（2015）从税收的角度对企业投资行为进行了研究，他们认为，税收征管可以通过缓解信息不对称与代理问题而降低企业避税行为，从而提高企业投资效率。黄海杰（2016）等通过研究中国"四万亿投资"政策对企业投资的外部冲击发现，"四万亿投资"政策显著降低了企业的投资效率。

2.3 混合所有制改革相关影响研究

2013 年 11 月,《中共中央关于全面深化改革若干重大问题的决定》首次提出将"混合所有制作为基本经济制度的重要实现形式",自此,我国开始了"渐进式"的国有企业混合所有制改革,学者们也开始持续关注混合所有制改革对国有企业产生的一系列影响。

2.3.1 混合所有制改革对国有企业绩效的影响

胡一帆等(2006)研究了我国国有企业民营化的有效性问题,他们认为,国有企业绩效水平越高,该企业被民营化后效果越显著,国有企业民营化可以有效提高企业盈利能力,降低企业成本。杨记军等(2010)以 2003—2007 年的我国上市国有企业为样本,研究了政府转让国有企业控制权的效果。研究表明,国有企业民营化可以在一定程度上改善企业绩效,但由于政府优先转让或民营化绩效较好的国有企业,使得这种有利效果的显著性降低。盛丰(2012)选取 1998—2007 年《中国非上市公司数据》中的国有企业 2 394 家,研究了国有企业改革对企业生产与创新效率的提升效果。他发现,国有企业改革显著改善了企业的生产效率,但改革对企业创新效率的改进效果则并不显著。刘晔等(2016)采用 2001—2007 年的中国工业企业微观数据,运用倾向匹配得分法(PSM)和双重差分法(DID)研究了国有企业混合所有制改革对全要素生产率的影响。研究表明,混合所有制改革显著提高企业全要素生产率,这种效果在竞争性行业或领域的国有企业中更为明显,而知识产权保护水平越高,混合所有制改革后带来的创新收益越大,企业全要素生产率越高。

2.3.2 混合所有制改革对国有企业创新的影响

王业雯和陈林(2017)运用 1999—2007 年的我国工业企业微观数据,采用倾向匹配得分法(PSM),横向比较国有企业混合所有制改革前后创新效率的差异,研究了国有企业混合所有制改革对企业创新产生的影响。研究表明，国有企业在进行混合所有制改革之后，企业创新效率显著高于其他类型的所有制企业。余明强（2017）以我国制造业2011—2015年的A股上市公司为研究样本，采用双重差分法（DID），考察了国有企业混合所有制改革对企业创新能力的影响。他认为，国有企业混合所有制改革可以有效提升企业创新能力，包括创新投入中的R&D投资和创新产出中的专业数量；进一步地，国有企业混合所有制改革对我国东部地区处于垄断行业的国有企业的创新能力提升效果更为显著。

2.4　文献述评

本章通过对上述文献的回顾与梳理发现，当前已有文献从新古典投资理论、现代投资理论考察了企业投资效率相关理论；并从融资约束、会计信息、负债水平、股权结构、董事会治理以及避税等角度研究了企业投资效率影响因素。同时将控制权按内部控制权与外部控制权加以区分，研究了控制权配置的经济后果，包括控制权配置对企业价值与企业并购的影响；还考察了控制权配置对企业投资的影响机理；针对国有企业混合所有制改革的效果研究，则主要从混合所有制改革对企业整体绩效或创新效率等方面展开研究。以上研究为本书考察控制权配置特征与企业投资效率之间的关系提供了很好的理论基础与研究借鉴，但从总体来看，关于控制权配置特征、其在特定产权性质下对投资效率的影响、国有企业混合所有制改革政策效果以及在改革背景下控制权配置的研究还相对较少，存在一定的不足。

（1）前期文献主要从内部控制权和外部控制权两方面研究了企业控制权含义，包括股东、董事会及管理者三类，并从终极控制人、第一大股东持股比例、金字塔控制模式或控制权与现金流权两权分离度等角度研究了这些内涵如何影响企业控制权的配置，但是尚未有文献从控制权特征视角研究企业控制权配置机理，对控制权配置特征并没有明确的解释与归纳。而在现实世界中，股权与控制权不对等是普遍存在的，控制权配置的各项特征应作为控制权与股权相互关系研究的重要补充。

（2）前期文献在研究控制权配置时将其作为一个整体研究其对企业经营决策的影响，忽略了配置特征的不同会对企业经济活动产生不同的影响。已有文献虽然研究了控制权配置对企业投资行为或效率的影响，但并没有深入到控制权配置特征具体如何影响企业投资效率，对控制权配置特征的定义也不够明确和完整。控制权的集中性、制衡性、独立性以及对等性是如何影响企业投资效率的，这些都是需要进一步研究的问题。

（3）前期文献将股权结构作为自变量从股权集中度、股权制衡及股权性质等多个角度研究了股权结构对企业投资效率的影响，但鲜有文献在研究控制权配置特征时将股权结构作为调节变量引入加以研究，考察股权结构如何调节控制权配置特征与企业投资效率的关系。然而，股权与控制权的关系一直是学术界与实务界需要解决的重要问题之一，因此将股权结构与控制权配置合并研究是很有必要的。

（4）我国正处于国有企业混合所有制改革的浪潮中，我国经济正处于由高速发展到高质发展的转档时期，中共十八届三中全会明确提出积极发展混合所有制经济，并将国有企业与民企的融合作为国有企业改革的重点。前期文献针对国有企业混合所有制改革效果研究仅考虑其对企业整体效益及创新效率的影响，尚未考虑在混合所有制改革背景下企业控制权的配置问题，包括控制权配置的意义及特征，更未考虑国有企业控制权配置的相关问题。因此，本书将企业控制权配置问题放置于国有企业混合所有制改革背景下进行研究，具有一定的理论与现实意义。

基于以上研究成果，本书认为研究控制权配置特征在混合所有制改革大背景下对国有企业投资效率的影响具有重要的理论与现实意义，同时具有一定的创新性。本书将企业控制权配置、股权结构以及企业投资效率三者纳入统一研究体系，整体考察国有企业混合所有制改革过程中的控制权配置特征对企业投资效率的影响，为学术研究与政策实施提供必要的经验证据。

第3章　混合所有制改革背景下国有企业控制权配置

3.1　混合所有制改革概况

3.1.1　混合所有制改革背景与历程

党的十一届三中全会以来，中国开始了一系列围绕经济建设的改革措施，国有企业改革成为所有改革的中心环节。党的十九大报告明确提出：深化国有企业改革，发展混合所有制经济，培育具有全球竞争力的世界一流企业。这进一步强化了国有企业混合所有制改革的重要意义。纵观国有企业混合所有制改革的提出，具有以下几方面背景意义：

第一，考虑经济背景。受美国次贷危机的影响，2008年之后，我国GDP整体增速明显下降，经济结构不完善问题凸显。产业结构单一、落后，经济与产业结构调整滞后，严重影响了我国企业，特别是国有企业经营能力与盈利能力的提升。2016年12月16日，中央经济工作会议在推出供给侧改革后首次提出"重大结构性失衡"的概念，中国经济面临突出问题的根源是"重大结构性失衡"，因而利用混合所有制改革优化内部结构重组，提高国有企业竞争力与活力成为必行之道。

第二，考虑体制背景。我国目前正处于以社会主义公有制为主体，多种所有制经济共同发展的经济体制下。国有企业长期延续传统的公有制体制，在当前中国经济新常态发展的趋势下已有些力不从心，在国有资产保值增值、资产效率、经营能力、盈利水平以及市场竞争力等方面都存在较大问题。然而，相比于公有制经济体制，私有制经济体制更具竞争力与活力。从企业微观层面来讲，在公有制体制下，国家是生产资料及其成果的唯一所有者与支配者，这就会导致由于所有者与经营者信息不对称造成的资源浪费，国有企业员工会因为拥有"铁饭碗"而缺乏劳动积极性与主动性，从而使企业缺乏应有的创造力与活力；而在私有制体制下，企业和员工是生产资料及其成果的所有者与支配者，其追求利益最大化的意愿更加强烈，因而在私有制体制下企业的生产效率更高。从宏观层面来讲，在公有制体制下，由于资源的不合理配置造成的浪费，使企业缺乏竞争力与创新力。因此，两者的最优结合有助于国有企业以更加市场化的方式参与社会竞争。同时，在引入非公有制经济的同时，国有企业治理结构、人才机制以及管理体制等方面都会进行全新转变，从而完善现代企业制度，并在保证国家对国民经济的指导、计划和管控权力以及保障社会体制和国家经济稳定的前提下，进一步提升国有企业的经营活力、竞争实力和盈利水平的能力。

第三，考虑政策背景。党的十九大报告强调，深化国有企业改革，发展混合所有制经济，培育具有全球竞争力的世界一流企业。由此可见，我国国有企业已步入高质量发展新阶段，纵览我国国有企业混合所有制改革，梳理出以下政策演变过程，混合所有制改革事件见表3-1。

表3-1 混合所有制改革事件表

时 间	事 件
2013年11月	中国共产党第十八届中央委员会第三次全体会议发布《中共中央关于全面深化改革若干重大问题的决定》，该《决定》第六条指出：积极发展混合所有制经济
2014年7月	国务院国资委在央企范围选取试点企业，开展四类改革措施：采取国有资本运营公司投资；推进混合所有制改革；加大董事会授权；向央企派驻纪检组；并确定国家开发投资公司、中粮集团、中国医药、中国建筑、新兴际华以及中国节能环保6家央企作为试点企业
2015年5月	国务院于2015年发布关深化经济体制改革重点工作的意见，意见提出：推进国有企业发展混合所有制经济等系列配套文件，包括推进国有企业国资改革、制订进一步完善国有企业法人治理结构方案、支持非公有制经济健康发展以及完善产权保护制度等内容
2015年9月	中共中央、国务院印发《关于深化国有企业改革的指导意见》提出：发展混合所有制经济，引入非国有资本参与国有企业改革，探索实行混合所有制企业员工持股，该意见标志着新一轮国有企业改革大幕的正式开启
2015年9月	国务院发布《关于国有企业发展混合所有制经济的意见》指出：发展混合所有制经济是深化国有企业改革的重要举措
2016年2月	国务院国资委颁布国有企业改革试点方案，并制定十项改革措施： （1）落实董事会职权试点； （2）市场化选聘经营管理者试点； （3）推行职业经理人制度试点； （4）企业薪酬分配差异化改革试点； （5）国有资本投资、运营公司试点； （6）中央企业兼并重组试点； （7）部分重要领域混合所有制改革试点； （8）混合所有制企业员工持股试点； （9）国有企业信息公开工作试点； （10）剥离企业办社会职能和解决历史遗留问题试点
2016年3月	发改委明确当年深化体制改革重点工作，即进一步加大国有企业混合所有制改革力度，逐步探索在能源、交通、电信等重点区域选择部分国有企业试点推进混合所有制改革

续表

时间	事件
2016年8月	国务院国资委提出《关于国有控股混合所有制企业开展员工持股试点的意见》，该《意见》指出：国有控股混合所有制企业开展员工持股试点主要采取增资扩股、出资新设方式开展员工持股，并保证国有资本处于控股地位
2016年9月	国家发改委举办专题会，央企混合所有制改革"6+1"试点浮出水面
2016年12月	中共中央召开经济工作会议，会议明确提出：作为进一步深化国有企业改革的重要战略组成部分，要积极推动混合所有制改革。本着完善治理结构，做强做大主业，提高经济运行效率的原则，要在能源、交通、电信等重要领域积极探索混合所有制改革
2017年4月	国家发改委表示，已启动第二批10家企业混合所有制改革试点
2017年8月	联通混合所有制改革方案公布，新一批央企混合所有制改革试点8家企业入围考察
2017年10月	党的十九大提出发展混合所有制经济，对国有企业进行体制改革、机制改革与结构改革
2017年12月	中央企业及其各级子企业混合所有制改革户数已达到69%，省属国有企业混合所有制改革户数也已达到56%，其中充分竞争行业央属国有企业混合所有制改革比例超过70%，省属国有企业混合所有制改革比例达到80%
2018年9月	国家发改委发布《关于深化混合所有制改革试点若干政策的意见》，意见对混合所有制改革试点中相关政策问题提出相应办法
2018年10月	全国国有企业改革座谈会提出，要突出抓好国有企业混合所有制改革
2018年11月	国资委媒体通气会指出，将以更大力度、更深层次推进国有企业混合所有制改革，提高重点领域开放力度，增加开放的深度与广度；增加重点领域混合所有制改革试点企业，提升改革效果

从以上意见与方案可以看出，我国对国有企业混合所有制改革工作的重视。推进国有企业优化重组和股份制改革，优化国有企业法人治理结构与市场化经营机制，推动国有资本做强、做优、做大。

3.1.2　混合所有制改革现状

国有企业由于"一股独大"，股权结构单一，缺乏股权与控制权制衡，造成国有企业生产效率低下。因此，国有股权的让渡十分必要，大力推进国有企业混合所有制改革势在必行。自 2013 年 11 月国家发布《中共中央关于全面深化改革若干重大问题的决定》首次提出"混合所有制作为基本经济制度的重要实现形式"后，国有企业混合所有制改革经历了 2013—2014 年各地方尝试的政策探索期，2015—2016 年中央加入的顶层设计期，以及 2017 年至今的政策落地期，全国各地区混合所有制改革进入高潮。我国混合所有制改革几大领域改革现状见表 3-2：

表 3-2　　　　　　　　　　混合所有制几大领域改革现状

行业	现状
铁路行业	截至 2017 年 9 月，中国铁路总公司制定《关于发展混合所有制经济的意见》，并按照运输企业、非运输企业、混合所有制企业三类，推进混合所有制改革。其中重点实施铁路资产资本化与股权融资改革，已有 21 个土地开发项目，并与 143 家（包括 BATJ 在内）大型企业进行了混合所有制改革相关沟通，共同推进中国铁路总公司混合所有制改革
电力行业	2016 年 10 月首批央企"6+1"试点的混合所有制改革企业，有 3 家为电力企业，华能集团、国电集团、国家电投、华电集团均将其子公司核心资产上市作为起点进行股权多元化改革，并适时引入战略投资者。同时放开增量配网、成立配售电公司
油气行业	中国石油集团通过《集团公司市场化改革指导意见》和《集团公司混合所有制改革指导意见》。中油工程和中油资本重组成功上市，并与央企、中西部地区地方政府、外资和部分社会资本，在石油产业中的勘探、炼油、化工、成品油销售等多个环节开展项目合作。另外，中国石油进一步推进上游开放和管网独立，加强油气混合所有制改革
航空业	南航与美国航空达成战略合作。东航先后引入达美航空与携程作为战略投资者，国航在已实现香港国泰航空交叉持股的同时，与汉莎航空集团签署航线联营合作协议

行业	现状
电信业	2017年8月，中国联通率先进行混合所有制改革，宣布引入包括腾讯、百度、京东、阿里巴巴在内的多位战略投资者，认购中国联通A股股份。中国电信集团正积极研究其混合所有制改革方案，积极推进国有企业混合所有制改革政策
军工行业	兵器工业集团公司印发《关于发展混合所有制经济的指导意见（试行）》；中国核建集团旗下的中核新能源公司通过增资扩股引入战略投资者；中国兵器装备集团制订了军工企业混合所有制改革试点初步方案，在长安汽车公司试行员工持股计划，并确定其他4家混合所有制改革试点单位

3.1.3 混合所有制改革模式

本书对各类型国有企业混合所有制改革模式进行案例梳理，情况如下：

（1）开放式改制重组。

开放式改制重组是指采用资产剥离、债务重组等方式重新组合企业资产、债务等要素。国有资本优化重组不仅可以淘汰落后产能，而且有助于促进国有企业股权多元化、业务专业化，发挥重组的协同作用，实现了国有资源的协同共享做强做大国有企业，如：

2014年12月，中国南车集团与中国北车集团宣布按照对等原则正式合并成为中国中车集团。2015年6月8日，中国中车集团在上海证券交易所和香港联合交易所上市。

2015年5月，经国务院批准，中国电力投资集团公司与国家核电技术公司重组成立国家电力投资集团公司。

2017年4月，中国外运长航集团与招商局集团开展重组整合，前者整体无偿划转至后者，成为其全资子公司。

2017年6月，中国恒天集团有限公司与中国机械工业集团公司开展重组整合，前者整体无偿划转至后者，成为其全资子公司。

（2）员工持股或股权激励。

国有企业由于国有控股，国家是企业唯一的所有者，对员工缺乏工作动力与激励。因此，此轮国有企业混合所有制改革提出员工持股或股权激励，调动员工积极性，提升员工工作质量与工作效率，从而实现国有企业做大做强的最终目的。如图3-1所示，以中国航空工业集团混合所有制改革中长期股权激励为例：

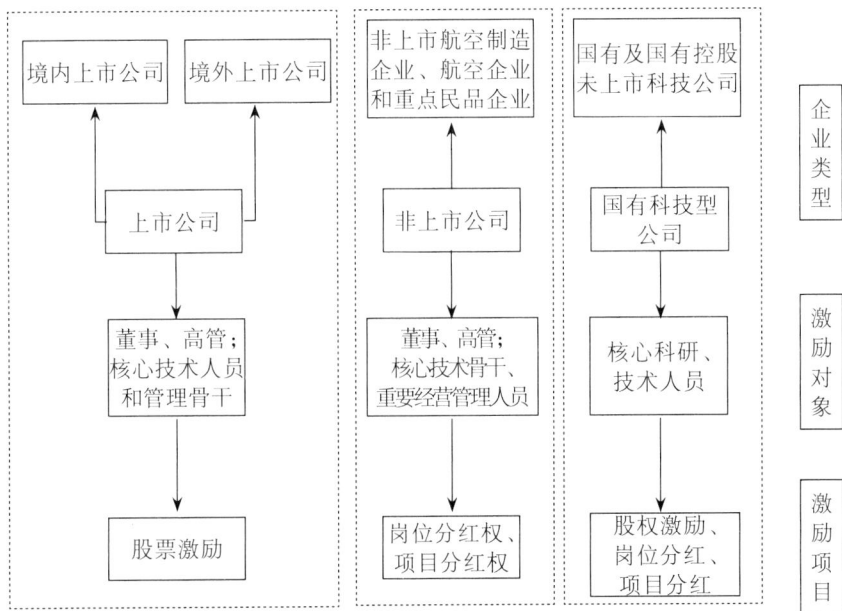

图3-1 中国航空工业集团混合所有制改革中长期激励路线图

资料来源：本图由作者根据《中国航空工业集团公司中长期激励暂行办法》采用Visio绘制。

2017年7月，中国航空工业集团发布《中国航空工业集团公司中长期激励暂行办法》。在此办法出台之前，国家多部门已陆续出台多项涉及国有企业混合所有制改革员工持股或长期激励政策，包括《中华人民共和国促进科技成果转化法》《国有科技型企业股权和分红激励暂行办法》《关于国有控股混合所有制企业开展员工持股试点的意见》等。

（3）吸引战略投资者。

国有企业"一股独大"，企业效率低下，引入战略投资者是多元化股权结构的重要方法。然而，引入民营资本不代表国有资产流失，引入战略投资者应建立在国有资产保值增值的基础上进行股权让渡。如图3-2所示，以云南白药集团混合所有制改革引入战略投资者为例：

```
┌─────────────────────────────────────────────────┐
│           ┌──────────────────────┐              │
│           │    2016年2月之前       │              │
│           └──────────────────────┘              │
│                                                 │
│   ┌──────────────┐         ┌──────────────┐    │
│   │  云南省国资委   │  ────▶  │  云南白药控股   │    │
│   │  （100%）     │         │              │    │
│   └──────────────┘         └──────────────┘    │
└─────────────────────────────────────────────────┘
                      │
                      ▼
┌─────────────────────────────────────────────────┐
│           ┌──────────────────────┐              │
│           │      2016年12月        │              │
│           └──────────────────────┘              │
│                                                 │
│   ┌──────────────┐         ┌──────────────┐    │
│   │  云南省国资委   │         │   新华都实业    │    │
│   │  （50%）      │         │  （50%）      │    │
│   └──────────────┘         └──────────────┘    │
│           │                       │            │
│           └───────────┬───────────┘            │
│              ┌──────────────────┐              │
│              │    云南白药控股     │              │
│              └──────────────────┘              │
└─────────────────────────────────────────────────┘

┌─────────────────────────────────────────────────┐
│           ┌──────────────────────┐              │
│           │       2017年6月        │              │
│           └──────────────────────┘              │
│                                                 │
│  ┌──────────┐   ┌──────────┐   ┌──────────┐    │
│  │ 云南省国资委 │   │  新华都实业  │   │ 江苏鱼跃（10%）│  │
│  │ （45%）   │   │  （45%）   │   │          │    │
│  └──────────┘   └──────────┘   └──────────┘    │
│              ┌──────────────────┐              │
│              │    云南白药控股     │              │
│              └──────────────────┘              │
└─────────────────────────────────────────────────┘
```

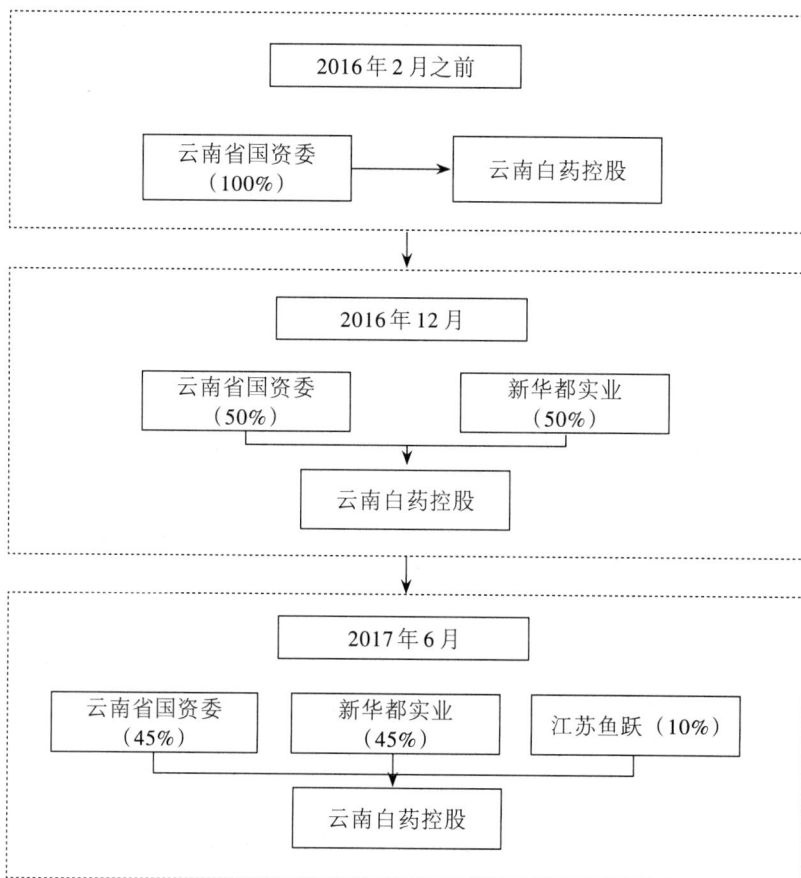

图3-2　云南白药控股集团混合所有制改革引入战略投资者历程图

资料来源：本图由作者从云南白药集团混合所有制改革网络资料整理采用Visio绘制。

　　自2016年年初至2017年6月，云南白药集团股份有限公司先后经历两次增资扩股，2016年12月，引入战略投资者新华都实业，实现由国有独资企业成为混合所有制企业的转变；2017年6月，再次引入战略投资者江苏鱼跃集团，实现股权多元化的混合所有制改革目标，且达到民营资本总持股比例大于国有资本比例，成为云南省国有企业混合所有制改革"标杆"企业。

　　（4）整体上市或核心资产上市。

　　随着国务院国资委提出以管资本为主，推进国有企业职能转变方案，提升国有企业资产证券化比率成为国有企业混合所有制改革重要手段之一。国有资产整体上市或将非国有资产注入上市公司实现国有核心资产上市均可提高企业资产证券化比例，提高国有企业市场化程度，实现国有企业混合所有制改革目的。中国石化集团资产重组整合上市示意图，如图3-3所示。

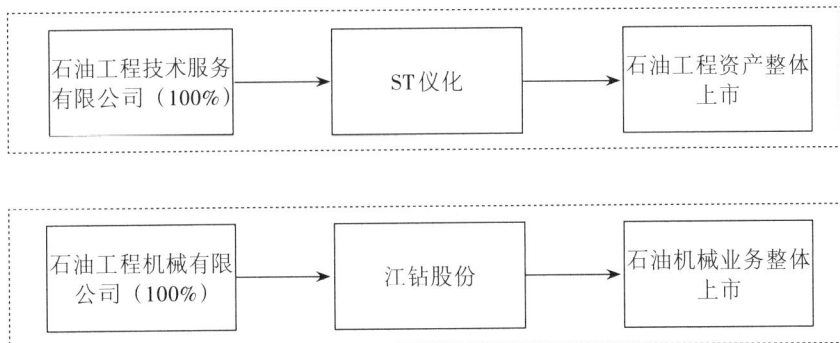

图3-3　中国石化集团资产重组整合上市示意图

资料来源：本图由作者根据中国石化集团混合所有制改革网络资料整理并采用Visio绘制。

中国石化集团推进混合所有制改革进程，拆分集团整体业务，多管齐下，将一部分业务进行增资扩股或引入战略投资者；另一部分业务进行资产整合，并注入上市平台，如图3-4所示。

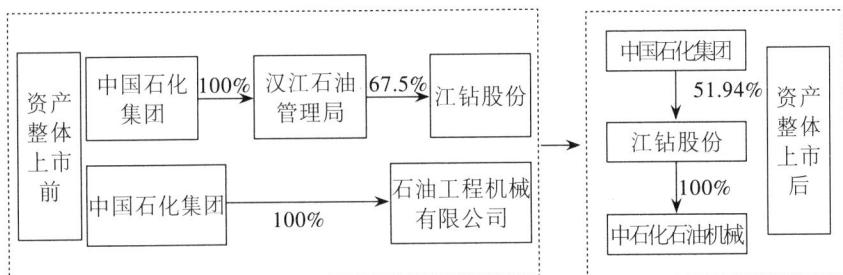

图3-4　石油工程机械有限公司资产整合上市前后股权结构图

资料来源：本图由作者根据中国石化集团混合所有制改革网络资料整理并采用Visio绘制。

2014年4月，中国石化集团将其销售业务给中国石化销售公司100%所有并控制。2014年9月，中国石化销售公司引入战略投资者，其29.99%的股份分别被25家境内外资投资者认购。2015年12月，中国石化销售公司成立董事会，董事会由11名董事组成，其中3名董事由25家境内外资投资者委派。

2016年8月，中国石化全资控股子公司中石化川气东送天然气管道有限公司引入战略投资者中国人寿保险股份有限公司与国投交通控股有限公司，二者分别购入中石化川气东送天然气管道有限公司43.86%与6.14%的股份。

综上所述，我国国有企业混合所有制改革目前已进入政策落地时期，各行各地区混合所有制改革密度加大，优化国有产权制度，建立并完善现代企业制度，强化党组织作用，同时在做好国有企业保值增值的基础上，放大国有资本。真正实现本阶段国有企业混合所有制改革的作用，并为进一步推进下阶段国有企业改革先行铺路。

3.2 混合所有制改革背景下国有企业控制权配置改革

随着我国国有企业混合所有制改革的推进，企业股权逐渐多元化，不同性质的股东共同持有企业（韩晓洁，2017）。此时，对于国资管理者而言，是以放弃控制权来增加非国有股东的参与度进而提高国有企业市场化程度，还是牢牢把控超级股东的权力？如何通过有效的控制权配置来构建合理的法人结构与公司治理结构，提高我国国有企业的竞争力与活力，使其成为世界一流的大型企业就显得尤为重要。

3.2.1 混合所有制改革背景下国有企业控制权配置改革的原因

我国自20世纪80年代起开始进行国有企业改革，在过去的30多年里，先后经历了扩权让利、利润留成、股份制转让、抓大放小、两权分离、简政放权、国有企业改制重组等，但无论如何改革，即使加入多种股权相互制衡，归根结底是同质产权的多元化，国有企业的控制权始终掌握在政府的手中，"所有者缺失"与"内部人控制"问题严重。鉴于此，2013年11月，中共十八届三中全会提出"积极发展混合所有制经济"，推动国有企业进入混合所有制改革的新阶段。然而，随着混合所有制改革的深层次推进，对于国有资本来说，混合所有制改革意味着对企业控制权的部分让渡，放弃控制权会丧失对国有资产的掌控能力，而不放弃控制权又难以从真正意义上实现混合所有制改革的目的，提高国有企业运行效率；对于非国有资本来讲，混合所有制改革能否为其带来对国有资产的控制权？是否会因为国有企业内部较强的制度约束而限制其参与混合所有制改革的动力？（刘汉民等，2018）这些问题的存在使得研究混合所有制改革中的国有企业控制权配置成为重要的话题之一，具体来讲，在混合所有制改革背景下控制权配置改革具有以下原因：

（1）股权与控制权由对等向非对等转变。

学术界存在两种观点，一种观点认为，企业所有权与控制权应存在一对一对等关系，Harris 和 Raviv（1989）认为，企业的剩余控制权（即控制权）与剩余索取权（所有权）应一一匹配，才能实现企业效率最优。另一种观点认为，"一股一票"在现实中并不是普遍存在的，郑志刚等（2016）通过研究阿里巴巴合伙人制度发现，同股并不一定同权，且这种情况的存在具有其自身意义与合理性。

我国以往的国有企业改革，始终无法真正将国有企业控制权与所有权合理分配，企业的控制权始终掌握在政府手中，但在现实中，国有企业存在所有者虚位等问题，这些都可能造成国有企业的资源浪费与权力寻租问题，使国有企业效率低下。基于以上逻辑，我国再一次提出积极发展混合所有制经济，并对不同类型的国有企业实行分层、分类改革，这就使得参与混合所有制改革的国有企业，股权与控制权的同步转移不再是必然结果，即混合所有制改革打破了原有股权与控制权的同步匹配逻辑，使国有企业呈现出股权与控制权的非对等转变。

（2）保持国有资本对经济的控制地位。

国有企业控制权结构的安排问题是混合所有制改革的关键，是参与混合所有制改革国有企业在实现国有资本保值增值的基础上，确保国有资本对经济控制力的重要实现形式。

首先，混合所有制改革的目的是实现多种股权的交叉融合，取长补短，提高国有企业运行效率。然而，由于混合所有制改革带来的股权与控制权非对等转变，从形式上引入非国有资本，形成多元化股权结构，若缺少相应的制度建设与控制权分配，就不能真正发挥非国有资本的优势作用，多元股权结构很可能沦为形式。控制权主要考察董事会层面的配置，即代表股东意愿的董事占比，更多的董事比例代表更强的控制权（刘汉民等，2018）。此时，合理配置国有企业控制权结构，安排适当比例的非国有董事参与公司战略决策，才可以充分调动非国有资本参与混合所有制改革的积极性，利用非国有董事对市场的熟悉与适应能力以及对机会的把控能力，改善国有企业缺乏活力、技术革新较慢等问题，从而提高国有企业运行效率，实现国有资本的保值增值。另一方面，混合所有制改革带来的股权异质性与多元化，将不可避免地稀释国有股权，此时，应通过合理配置国有企业的控制权结构，安排适当比例的国有董事与非国有董事，避免国有资产流失，从而继续保持国有资本对企业的控制力。

综上所述，本书认为，我国国有企业由于公司治理结构的缺陷与法人治理结构的不合理，在企业控制权配置上存在很多不足，并缺乏应有的制衡机制。在当前国有企业混合所有制改革中，随着股权与控制权的非对等配置，控制权配置变革成为混合所有制改革成功与否的关键。

3.2.2 混合所有制改革背景下国有企业控制权配置改革的意义

由于我国国有企业控制权配置存在的一系列问题，国有企业混合所有制改革后对企业控制权的合理配置已成为理论界与实务界共同关注的热点问题。如何实现控制权的最优分配，对国有企业完善内部公司治理与提高外部竞争力均有重要意义。

（1）控制权配置对混合所有制改革国有企业的内部意义。

第一，混合所有制国有企业控制权合理配置有助于提高企业治理效率。参与混合所有制改革的国有企业，由于民间资本的混合，其股权结构发生变化，"一股独大"状况发生变化，国家政策根据企业所属行业的重要程度将混合所有制改革企业分为国有企业控股或国有企业参股等形式。在不同形式下，企业控制权的合理配置是决定企业治理结构是否有利于效率提升的关键。毋庸置疑，混合所有制改革会稀释国有股权与控制权，因此，对于处于国家重要行业的国有企业，应始终保持国有资本的绝对控制权，才可以有效发挥政府对企业的作用，实现资源的最优配置；而对于高科技等新兴产业，可将国有企业控制权让渡给民营资本，帮助国有企业更好地利用市场资源，提高企业效率。因此，在混合所有制国有企业中控制权的合理配置可以有效提高企业治理效率。

第二，混合所有制国有企业控制权合理配置有助于优化公司治理结构。企业控制权的配置本质上就是公司治理结构的分配问题，国有企业委托代理问题与所有者虚位问题的存在，使其内部人控制问题凸显，且公司治理结构存在严重缺陷。经过国有企业的混合所有制改革，企业控制权通过股权的多元化得以有效分散，从而有利于其构建符合市场化机制的全新公司治理结构。

第三，混合所有制国有企业控制权合理配置有助于完善企业的监督机制。未进行混合所有制改革的国有企业，股权结构单一，企业唯一的控制人就是国家。但是由于国有企业终极控制人缺位以及委托代理问题的存在，国有企业内部监管不足，代理人掌握国有企业的实际控制权，这就有可能发生代理人为了个人利益而损害企业效益的现象。进行混合所有制改革的国有企业，其股权相对分散，企业控制权会在各个利益相关者间重新分配，且相对于国有企业，民营企业的委托代理问题相对较少。此时，民营股东由于资本的投入分得一部分国有企业控制权，他们会更加关注企业整体的效率情况，从而对国有控制人起到一定的内部监督作用。国有与民营参与者控制权的相互制衡，有利于推进国有企业内部监督制度的制定与完善，最终实现提高企业治理效率的目的。

（2）控制权配置对混合所有制改革国有企业的外部意义。

混合所有制改革国有企业的控制权合理配置有助于提高企业市场化程度。国有企业混合所有制改革的本质就是混合多种民间资本，以达到股权多元化，提高国有企业的管理灵活度，并最终实现国有企业与民营企业的互补双赢。我国国有企业普遍存在资产负债率较高的问题，通过对混合所有制改革国有企业的控制权配置，可以将企业的控制权合理地分配于国有股东与民营股东中，民营股东可利用其对市场的熟悉度与经营能力，帮助国有企业降杠杆、去杠杆。同时，以往的国有资产管理方式以国有控制人管资产为主，通过混合所有制改革，控制权的分配方式与比例发生变化，"一股独大"的国有控制人也从管资产向管资本转变，从本质上提高了国有企业的市场化程度，激发了企业的内在发展力量。

综上所述，控制权配置是混合所有制国有企业改革的重要方面，通过控制权的合理配置，才能充分利用多元化股权优势，为国有企业带来新结构、新模式与新生机。

3.2.3 混合所有制改革背景下国有企业控制权配置改革的内容

国有企业混合所有制改革，是股权结构改革，是公司治理结构改革，其实本质上，也是国有企业内部控制权配置改革。根据2015年国资委、财政部、发展改革委联合印发的《关于国有企业功能界定与分类的指导意见》，国有企业被分类为公益类国有企业和商业类国有企业。在不同类型的国有企业中，国有资本的控制力是存在差异的，因此企业控制权的配置也应根据企业类型的不同而改变。

（1）对于关系国家安全的国有企业和国有资本运营公司，如航空航天和核工业等企业，国家采取国有独资形式。对于这类国有企业，由于其对国家的核心地位，国有独资的形式决定了其控制权由国家所有。

（2）涉及国民经济命脉的重要行业以及领域的企业，如能源、交通、军工等行业的企业，采用国有绝对控股且绝对控制的形式。毋庸置疑，混合所有制改革会稀释国有股权与控制权，此时对控制权的配置应继续保持与股权的相对异质性，做到"一股一权"，国有资本拥有绝对控制权，即至少占有企业51%以上的控制权，或董事会席位，才可以有效发挥政府对企业的作用，从而实现资源的最优配置。

（3）对于支柱产业以及高科技等新兴产业的重要国有企业，可以吸收民营资本，多元化股权结构，保持国有资本的相对控股与绝对控制的形式，即国有资本股权可以低于50%，但由于股权较为分散，国有资本控制权比例仍处于所有股东中的第一位。这就需要国有企业进行控制权的重新配置，做到国有相对控股，绝对控制，既实现了国有资本保值增值，又吸收了民间资本的市场优势，各种所有制资本取长补短，提高企业资本效率。

（4）处于竞争性市场中的其他国有企业，如旅游业、餐饮业等，国有资本可选择参股且少控制的形式。这种类型的企业，市场竞争性强，国有企业可能由于特殊的政策背景而缺乏市场竞争活力，在此次混合所有制改革中可以大力引入民间资本，将企业大部分控制权，甚至全部控制权交给民间资本，以提高此类国有企业的市场化程度与资源配置能力。相比于在董事会的绝对席位，国有股东可作为监督者，控制企业监事会，监督竞争性国有企业的经营活动。

3.3　混合所有制改革背景下国有企业控制权配置特征

公司治理的核心问题是控制权配置。企业是指由若干个生产要素的所有制通过契约方式组成的具有法人资格的集合体，Ronald（1937）在《企业的性质》一文中首次提出"交易费用"的概念，为了节约交易费用，企业应运而生。随着现代企业制度的进一步发展，"两权分离"问题产生，随之而来的"信息不对称"与"代理问题"，则形成了学术界与实务界共同关注的公司治理问题。公司治理是反映一个公司的股权结构、治理机制和代理授权等制度安排的综合体系（宋明，2018）。Grossman和Hart于1986年提出的不完全契约理论认为控制权既包括合约明确界定的权力，又包含未明确说明的权力。企业控制权作为对稀缺资源的使用与配置，不可避免地成为公司治理的一部分。吴照云和黎军民（2005）认为，在企业中，掌握控制权的主体将获取更优质的资源与更大的利益，而各利益群体对权力的争夺则是企业控制权的体现，公司治理的目的是使企业控制权配置实现最优。关鑫和高闯（2014）指出，各股东对控制权的竞争与夺取构成了公司治理的核心问题，他们通过对"社会资本控制链"的研究，分析了终极控股股东利用社会资本控制链实现对上市公司终极控制的作用机理。李思思（2011）也认为，公司治理的目的是实现企业利益最大化，而企业控制权的最优配置则是实现企业利益最大化的有效方式。

因此，控制权配置问题本质上属于公司治理问题，其实质是指控制权在公司治理结构中所处的位置与其对公司治理所起到的作用。在企业中，这些权力是董事会对公司的经营决策权与管理控制权。本书认为，"特征"是指一个客体所具备属性的抽象结果。不同客体在不同的专业领域以及分类标准下，其特征也是不同的。混合所有制改革后，由于异质性股东的加入，国有企业董事会结构，即控制权结构逐渐多元化，以往"一股一票"的情况不复存在，取而代之的是控制权与股权的非对等配置。因此，从董事与股东的关系来看，控制权对等性是控制权配置的首要特征。其次，由于多元化控制权结构的形成，混合所有制国有企业呈现出异质性董事相互制衡的控制权结构，由此看出，控制权配置应具备制衡属性。再次，与控制权制衡性相对应，从董事分布角度看，考察董事会内部因素影响，控制权配置具备集中属性。最后，从董事会独立性角度看，考察董事会与股东、管理者的关系，控制权配置具备独立属性。基于以上分析，本书将控制权配置特征界定为：控制权对等性、控制权制衡性、控制权集中性与控制权独立性四种。

3.3.1 控制权对等性

学术界与实务界的普遍逻辑是股权与控制权的一一对等，即"一股一权"或"一股一票"，这使得企业控制权配置必须依照股权结构安排进行。然而，如本章3.2节分析可知，混合所有制改革带来的民营资本与外国资本的加入以及员工持股等形式的股权多元化，使得在股权转移的同时控制权并未完全同步转移，打破了原有股权与控制权的一致性，推动了股权与控制权由对等向非对等的重新配置。根据联通集团混合所有制改革可以看出，混合所有制改革之前除独立董事外，其他董事会成员均为联通公司内部董事，股权与控制权相对等；而混合所有制改革后，联通集团第一大股东董事数比例为23%，占股比例为35.2%，股权与控制权呈现出非对等情况。

不完全契约理论认为（Hart和Moore，1995），由于委托代理双方信息不对称，其在履约的过程中可能出现"寻租"或"捆绑"等行为，企业控制权往往跟随所有权的分配，使契约无法全面履行，它将控制权界定为特定权力与剩余权力两种。Hart（2001）指出，企业控制权与股权是相互独立的，且控制权配置受到除股权外的多种内外部因素影响。张维迎（1996）认为，企业控制权配置是所有利益相关者与参与者相互协商的结果。基于此，刘汉民等（2018）认为，控制权是由股权优先决定的，其集中于股权较多的一方，在一般情况下，两者应是相互对等的，但对于混合所有制改革的国有企业，所有者可能放弃企业控制权为企业争取更高的效率。已有文献对控制权配置特征的研究相对较少，但有少量文献对股权与控制权的对等性进行了相关研究，并针对产权性质分组做出进一步探索（徐莉萍等，2005；武常岐和张林，2014；郑志刚等，2016；刘汉民等，2018），这进一步说明了控制权与股权对等性研究对提高公司治理水平的重要意义。

因此，根据企业控制权配置外部因素，即控制权与股权的关系，并借鉴刘汉民等（2018）的做法，笔者认为企业控制权配置还应具备对等性属性。对企业控制权对等性的研究有助于厘清混合所有制改革股权与控制权结构的合理安排。为我们回答"究竟需要引入多少民营资本？又是否需要遵循'一股一票''同股同权'的理论基础？国有企业是否可以通过让渡控制权来提高企业效率？"等问题提供解决思路。进一步地，控制权对等性是研究混合所有制改革企业控制权配置其他特征的基础。

3.3.2 控制权制衡性

根据企业控制权配置的内部因素，即从控制权的分布情况来看，控制权应具有制衡性属性。委托代理理论认为，企业所有权与经营权是相互分离的，企业所有者拥有企业的剩余索取权，而企业的控制权会在所有者与经营者之间进行分配。董事会是企业的战略决策与监督管理机构，经过混合所有制改革的国有企业，由于股权的多元化改革，控制权分配在代表不同股东的董事手中，呈现出国有董事、非国有董事以及独立董事的"三足鼎立"状态，即一种企业控制权相互制衡的状态。

从民营资本角度来看，一定数量的非国有董事可以有效提高非国有资本参与混合所有制改革的积极性，充分利用国有企业与政府的关联关系，发挥它们在融资担保、政府补贴等方面的资源优势，同时，有效发挥非国有董事对国有董事的监督与制衡作用，减少国有董事利用控制权牟取私利的行为，从而完善公司治理机制，提高国有企业效率。从国有资本角度来看，让渡部分控制权给非国有董事，可能会产生"内部人控制"问题，此时，在控制权与股权非对等的逻辑下，国有董事在数量上对非国有董事的制衡，可以确保国有资本对国有企业的控制地位，以降低国有资产流失的风险。

因此，从企业内部各董事间的关系来看，控制权配置具有制衡特性，即表现为其他股东对第一大股东的制衡效果。对控制权制衡性的研究，有助于合理安排国有董事与非国有董事数量，完善控制权配置结构，提高国有企业的决策与运行效率。

3.3.3　控制权集中性

Grossman 和 Hart（1988）研究了大股东通过占有企业控制权而造成的第二类代理问题，该研究引出了控制权集中概念。石琴和武艳丽（2006）选取 2001—2003 年的深交所 493 家上市公司的经验数据，研究了控制权集中性与公司治理效率的关系，他们认为，作为公司治理的核心问题，控制权集中性越高，企业净资产收益率越高，公司绩效越好。周瑜胜（2012）则分析了大股东控制权比例与公司价值的关系，不同的控制权比例，通过影响各股东间的权力与利益关系，进而影响企业价值。根据企业控制权配置内部因素，即控制权分配比例来看，控制权应具有集中性属性。控制权集中性是衡量公司内部治理结构的重要指标，也是衡量公司稳定性强弱的重要指标。股份有限公司设立董事会，董事会由董事组成，董事会享有公司经营决策与业务执行的控制权。企业控制权集中性受多方面因素影响，包括企业股权结构、所有者控制权偏好以及政府因素等。

（1）混合所有制国有企业由不同性质的股权与出资人共同组成经济实体，根据股份以及出资份额的不同，形成了多元化的股权结构。一般而言，企业所有权与控制权具有"一股一权"对应机制，特别对于国家绝对控股的混合所有制国有企业，股权集中度决定了企业的控制权集中属性。但随着股权的逐渐分散化与多元化，混合所有制改革国有企业的控制权也随其股权结构的变化而分散开来，董事会成员可能由原来的全部国有转变为国有董事与非国有董事共同组成的局面。因此，根据不同的股权结构，混合所有制国有企业形成了或集中或分散的控制权配置特征。

（2）对于掌握企业控制权的董事会成员而言，其收益既包括可以由货币直接衡量的显性收益，又包含无法用货币形式度量的隐形收益，例如个人在职消费、职务便利以及社会地位等。不同的所有者对控制权的偏好程度是不同的，这种情况在混合所有制国有企业中是一样的，对于民营资本而言，其所有者控制权偏好程度高，他们便更倾向于获得企业控制权，因而企业的控制权集中性越高。

（3）混合所有制国有企业由于其特殊的制度背景，控制权配置会受到政府因素的影响。如前文所述，此次国有企业混合所有制改革是根据国有企业或其所属行业对国家的重要程度进行分类并实施股权与控制权改革的，对于国民经济重要领域的核心国有企业，控制权集中性较高；而对于非国民经济关键部门的国有企业，控制权集中性较低。

3.3.4　控制权独立性

根据企业控制权配置外部因素，即控制权配置层次以及控制权与经营权的关系来看，控制权应具有独立性属性。控制权配置分为董事会层面配置及经理层面配置两种，当代表某一股东的董事会成员既拥有董事会层面控制权，又享有经理层面控制权时，企业的控制权独立性降低（朱海英，2014）。

对于国有企业混合所有制改革来说，其目标是放大国有资本，提高国有企业市场化程度，建立完善国有企业现代企业制度与公司治理结构。董事会是企业中的最重要的决策和管理机构。在我国，国有企业治理面临的一大难题就是董事会虚置，内部人控制严重，因此，对混合所有制国有企业控制权独立性的研究有助于寻求控制权的最优分配模式，以降低"所有制缺位"以及"内部人控制"而造成的国有企业效率损失。

综上所述，在混合所有制国有企业中，包含公益类国有企业与商业类国有企业；而在商业类国有企业中，又分为充分竞争行业国有企业、关系国家安全或国民经济命脉的重要行业国有企业，以及自然垄断行业国有企业。对于不同类型的国有企业，其控制权的配置应有所不同，涉及国家安全的少数国有企业和国有资本投资运营公司，控制权应牢牢集中于国家手中，同时应具备股权与控制权的完全对等特性；涉及国民经济命脉的重要行业国有企业，控制权的配置类似于第一种情况，有保持绝对集中与对等；涉及支柱产业和高新技术产业等行业的重要国有企业，控制权的配置也应具有绝对集中性，但由于高新技术行业的特殊性，其对高科技人才的需求较高，因此可以将一部分控制权分散配置给具备技术能力的民营企业或管理者，使他们既能充分发挥优势，制衡国有资本，提高国有资本活力，又能使国有资本保值增值；最后对于充分竞争行业的商业类国有企业，控制权可较多配置给除国家以外的企业或个人。

前文已对混合所有制国有企业控制权配置特征的理论依据与现有文献做出了详细阐述，基于前人研究成果与相应法律法规，本书将企业控制权配置特征界定为控制权对等性、控制权制衡性、控制权集中性与控制权独立性四种。随着中国经济进入高质量发展阶段，国有企业混合所有制改革在全国拉开帷幕，从本质上讲，混合所有制改革的关键就是对股权结构与控制权结构的重新分配，如何分配，怎样才能高质量实现国有企业的发展，提高国有企业治理效率，完善法人治理结构，提升国有企业竞争力，已经成为国有企业在进行混合所有制改革时必须要关注的问题。另一方面，根据前文所述，投资是企业主要的经济活动之一，更是决定企业资源配置方式的重要组成部分。随着深化国有企业改革的进一步推进，如何对国有资本进行投资管理，切实实现从"管企业"到"管资本"的转变，对于提高国有企业资本效率，防止国有资本流失，实现国有资本保值增值十分重要。鉴于此，本书第4章至第8章将以理论分析为基础，研究混合所有制改革对国有企业投资效率的影响，以及混合所有制改革企业控制权配置特征与投资效率的关系。

第4章 控制权配置改革对混合所有制改革国有企业投资效率的影响研究

1997年9月，中国共产党第十五次全国代表大会首次提出"混合所有制"概念，我国基本经济制度开始了由"单一"向"复合"的"渐进式"改革。在不断探索的过程中，混合所有制改革经历了放权让利、承包经营责任制，以及现代企业制度等阶段。2013年11月9日，中共十八届三中全会发布《中共中央关于全面深化改革若干重大问题的决定》指出："积极发展混合所有制经济。国有资本、集体资本、非公有资本等交叉持股、相互融合的混合所有制经济，是基本经济制度的重要实现形式，有利于国有资本放大功能、保值增值、提高竞争力，有利于各种所有制资本取长补短、相互促进、共同发展。允许更多国有经济和其他所有制经济发展成为混合所有制经济。"这进一步明确了混合所有制经济的重要地位。

混合所有制改革的目的是融合国有企业的实力与民营企业的活力，企业内部控制权的合理配置是充分发挥两者优势的关键。从联通集团混合所有制改革经验可以看出，混合所有制改革引入战略投资者或推行员工持股，在多元化股权结构的同时，允许其他股东参与国有企业董事会治理，重新安排企业控制权结构，则是混合所有制改革政策深入落实的核心。通过控制权配置改革，国有董事与非国有董事共同参与公司治理，国有企业行政化程度降低，市场化程度提高，共享经济引发的效率提升得以体现。

投资活动作为企业重要的生产经营活动之一，由于信息不对称以及环境不确定性等因素的存在，普遍存在投资决策的非效率问题（杨志强和李增泉，2018）。特别是对于国有企业来说，"一股独大"与"所有者缺失"等带来的公司治理问题，使国有企业投资的不确定性与"寻租效应"增加，投资效率显著低于非国有企业。有学者认为，混合所有制改革通过有效降低国有企业政策性负担，提高企业运行效率，达到改革目的（陈林和唐杨柳，2014）。那么，混合所有制改革引发的控制权配置变革究竟能否提高国有企业投资效率？本章将运用双重差分模型（DID）研究控制权配置改革对国有企业投资效率的影响。

4.1　企业投资效率的理论与测度

4.1.1　企业投资效率理论

企业投资理论作为公司治理及财务领域研究的重点问题，在其演变与发展过程中，主要形成了古典投资理论、新古典投资理论及现代投资理论。本书对更具代表的后两种企业投资理论进行了如下梳理：

（1）基于完美市场的新古典投资理论。

作为经济、金融学研究领域一个亘古不变的话题，企业投资理论始终被学者们关注，以均衡和优化企业投资行为作为起点，发展出了仅关注企业微观层面的理论基础，其中较为具有代表性的为以下三种：

最优资本存量理论：Modigliani 和 Miller 于 1958 年提出的 MM 理论指出，在完美市场假定下，公司的市场价值与其资本结构无关，仅与公司的投资决策或资产的获利能力有关，当资本收益大于资本成本时，投资增加企业价值。在此基础上，Jorgenson（1963）提出最优资本存量概念，即当企业边际收益等于边际成本时的资本存量。企业投资就是由现有的资本存量水平向最优资本存量调整的过程，而此时发生的投资额就是企业最优投资额（欧阳春花，2016）。Eisner 和 Strotz（1963）认为，最优资本存量的调整成本边际递增。之后，Mussa（1977）指出，企业投资效率在企业投资的边际调整成本和资本存量价值相等时达到最高。

Tobin Q 投资理论：Tobin Q 理论是经济学家 Tobin 于 1969 年提出的关于股票市场价格与企业投资支出相关的理论，并提出著名的 Tobin Q 系数，即公司市场价值对其资产重置成本的比率，该系数常被用作衡量企业业绩或公司成长性。当 Q 值大于 1 时，投资决策会为企业带来正效应，增加企业投资，反之亦然。Tobin Q 理论无论在虚拟经济还是实体经济，宏观货币政策还是微观企业治理方面，都有着重要的应用价值。

投资不可逆性理论：经济学家 Arrow 于 1968 年提出投资的不可逆转性。他认为，当企业认为投资不可逆转时才会出售资本或撤出投资，投资需求并非总是与资本需求变化一致，即资本的购买价格通常高于其再销售价格（马骆茹和朱博恩，2017）。

（2）基于不完美市场的现代投资理论。

金融加速器投资理论：Bernanke 和 Gertler（1989）提出的金融加速器投资理论指出，由于资本市场的不完全性，信贷市场资金分配不均衡，企业外部融资成本大于内部融资成本。当进行外部融资时，企业投资将依赖其资产负债情况，包括现金流量及资产净值等。企业价值受经济周期的影响而受到冲击，这种作用由于信贷市场的影响而被放大，企业投资也因此受到影响。

基于信息不对称的投资理论：信息不对称是指在经济活动中，交易双方获取的信息有所差异。交易发生前的信息不对称会造成"逆向选择"问题，"柠檬市场"理论（Akerlof，1970）就是"逆向选择"的代表。"逆向选择"会导致企业投资决策的非效率性，由于信息的不确定性和企业管理者对投资的风险无法准确掌握，从而造成投资失败（马骆茹和朱博恩，2017）。Myers 于 1977 年提出了投资不足概念，当企业的资产收益率较高时，企业的破产概率增加，由于认为对投资项目获取的投资收益不足或收益大于成本，股东缺乏必要的投资动力，投资不足问题的产生。Narayanan（1988）则认为，当企业投资带来的股价高估能弥补可能的投资损失时，即使明确投资决策会带给企业负净现值，企业仍倾向于进行投资，因而产生过度投资问题。同时，交易发生后的信息不对称会造成"道德风险"问题，股东与管理者之间的道德风险问题，也会由于管理者对一己私利的追求而造成企业非效率投资（岳丽君，2017）。

基于代理问题的投资理论：Jensen 和 Meckling（1976）认为，由于委托人与代理人的信息不对称，且缺乏对代理人的有效监督，代理人有动机为了自身利益，做出有损委托人利益的行为。首先，股东与管理者之间存在由代理问题造成的企业非效率投资。Holmstrom 和 Costa（1986）认为，发现管理者为了保持已有工作地位或为自己带来职业声誉，可能会选择一些"无功无过"，甚至净现值为零的投资项目，造成企业非效率投资。Hart 等（1995）则认为，管理者由于"帝国创造"的动机驱使，相比于投资项目收益，在进行投资决策时可能更倾向于选择那些规模较大的项目以扩大企业规模，从而产生过度投资问题。其次，股东与债权人之间存在的代理问题也会造成企业非效率投资。Parrino 和 Weisbaeh（1999）认为，股东与债权人的代理问题导致的企业非效率投资会随企业负债水平的增加而增加。

4.1.2 企业投资效率的测度

（1）构建投资–现金流敏感性模型（FHP）。

Fazzari 等（1988）第一次提出投资–现金流敏感性模型用来反映企业投资与其融资约束之间的关系：

$$(I/K)_{it} = f(X/K)_{it} + g(CF/K)_{it} + u_{it} \qquad (4-1)$$

其中，系数 CF/K 表示投资与现金流关系，若为正数，则说明企业投资–现金流敏感性越强，两者的依赖程度越高。

该模型通过对企业融资约束程度的测度，来衡量企业投资行为。用这种方法进行衡量，对委托代理问题与信息不对称问题进行了充分考虑，然而，其在对企业融资约束程度进行衡量分组时，具有很强的主观性，且容易受到其他外部因素的影响。Kaplan 和 zingales（1999）使用该模型进行验证发现，投资-现金流敏感性并不与企业融资约束呈正相关关系。我国学者支晓强和童盼（2007），曾爱民、张纯和魏志华（2013），喻坤（2014），以及黄海杰和吕长江（2016）等均运用此模型分别对企业投资进行了相关研究。

（2）利用Tobin Q值的Vogt模型。

Vogt（1994）利用改进的FHP模型衡量了企业投资-现金流敏感性产生的原因：

$$(I/K)_{it} = \beta_0 + \beta_1(CF/K)_{it} + \beta_2(Cash/K)_{it} + \beta_3(Sales/K)_{it} + \beta_4 Q_{it-1} + \\ \beta_5(CF/K)_{it}Q_{it-1} + \varepsilon_{it} \tag{4-2}$$

Vogt（1994）认为，投资-现金流敏感性是由于企业不同的特征而产生的。若投资-现金流敏感性与Tobin Q值交乘项回归系数为正，说明融资约束是引起企业投资-现金流敏感性的主要原因，且引起企业投资不足；若投资-现金流敏感性与Tobin Q值交乘项回归系数为负，则引起企业过度投资行为。因此，Vogt模型对FHP模型进行了一定改进，衡量了企业投资-现金流敏感性产生的原因。然而，由于Tobin Q值估算存在较大的误差，因此该模型的结果也存在一定的缺陷。唐雪松等（2007）及罗琦等（2007）在文章中均运用了这种方法。

（3）构建Richardson残差模型度量。

Richardson（2006）提出的残差模型相对于FHP模型与单个指标度量方法进行了很大程度的改进，他通过模型残差度量企业非效率投资，进而衡量企业投资效率：

$$Level_t = \beta_0 + \beta_1 Growth_{t-1} + \beta_2 Lev_{t-1} + \beta_3 Cash_{t-1} + \beta_4 Age_{t-1} + \\ \beta_5 Size_{t-1} + \beta_6 Return_{t-1} + \beta_7 Level_{t-1} + \varepsilon \tag{4-3}$$

其中，Level表示企业投资水平，Level=（资本支出+并购支出-出售长期资产收入-折旧）÷总资产，资本支出为购建固定资产、无形资产及其他长期资产支付的现金；并购支出为取得子公司及企业营业单位支付的现金净额；出售长期资产收入为处置固定资产、无形资产及其他长期资产收回的现金净额；折旧为处置子公司及企业营业单位收到的现金净额（刘慧龙等，2014）。Growth表示公司成长水平，由营业收入增长率计算得出。Lev表示资产负债率。Cash表示现金持有水平，由现金及现金等价物除以总资产计算得出。Age表示公司上市时间。Size表示公司规模。Return表示企业年度回报率，即考虑现金红利再投资的年个股回报率。分别计算以上各指标t-1期水平，并通过模型估计出来的残差ε，即为非效率投资。本书运用ε绝对值的相反数表示企业投资效率，此值越大，企业投资效率越高；此值越小，投资效率越低。

自Richardson模型出现以来，很多学者们采用这种方法测算企业非效率投资水平。李青原（2009）、朱松和夏冬林（2010）、刘慧龙等（2014）、陈艳艳和罗党论（2012）、王茂林等（2014）、徐倩（2014）等的文章中均对此方法进行了有效运用。

综上所述，当前主要存在三种方法测度企业投资效率（或非效率投资），一是利用融资约束构建模型进行衡量；二是运用Tobin Q值构建模型进行测度；三是通过构建残差模型度量企业非效率投资。对比集中方法的优缺点，本书认为采取Richardson残差模型避免了上述两种模型的缺陷，因此，本书实证部分运用Richardson残差模型测度企业投资效率。

4.2 控制权配置改革对混合所有制改革国有企业投资效率影响的实证检验

4.2.1 理论分析与研究假设

投资决策能力主要表现为企业的资金实力与对资金的运用能力（齐平和李彦锦，2017）。从资金实力来看，我国国有企业具备先天的政府属性，拥有政府以及国有银行的支持，资金实力相对较为雄厚。然而，国有企业运用资金的能力却相对较差。首先，国有企业普遍存在技术落后与管理体制不健全等问题，在应对市场不确定风险时缺乏有效的掌控与灵活应变能力，在投资方面则突出表现为对优质投资项目的敏感性以及投资决策的正确性。其次，国有企业存在由预算软约束引起的盲目投资现象。预算软约束是政府在国有企业面临危机时给予救助的行为（齐平和李彦锦，2017）。因此，国有企业的投资决策存在严重的非效率问题，投资效率较低。

第一，国有资本、集体资本、非公有资本等交叉持股、相互融合的混合所有制经济，有效降低了国有企业的"国有化"程度，异质性董事参与国有企业公司治理，将政府与企业职能区分开来，减少政府对国有企业的"预算软约束"，降低企业政策性负担，提高国有企业投资决策的有效性与科学性，从而缓解过度投资行为。第二，混合所有制改革引发的控制权变革在国有企业中广泛引入非国有董事，形成制衡的公司治理结构与投资决策机制，有助于减少由于信息不对称带来的国有企业"内部人控制"，在增强非国有资本话语权的同时，提高国有企业投资决策的公平性与公正性，提高投资效率。第三，通过控制权配置改革，非国有企业完善的管理体制与技术实力为国有企业注入新的活力，提升国有企业投资能力。此时，融合国有企业自身的资金实力，企业投资效率将得到有效改善。

因此，基于前文理论分析，提出以下假设：

4.2.1：控制权配置改革有助于提高混合所有制改革国有企业投资效率。

4.2.2 研究设计

（1）样本选择与数据来源。

由于数据的可获得性以及研究需要，且考虑到我国国有企业混合所有制改革政策颁布于 2013 年 11 月，本书根据 2013—2017 年我国所有上市公司的经验数据，选择其中具有非公有制资本参股的企业。由于本章将采用双重差分模型（DID）研究混合所有制改革对国有企业投资效率的影响，在选取上述国有企业作为处理组的基础上，借鉴赵放和刘雅君（2018）的做法，选取 2013—2017 年上市外商投资企业作为对照组构造一个"自然实验"过程，研究政策的实施效果。其中企业投资效率及其他相关财务与公司治理数据均来源于国泰安（CSMAR）数据库。

为了保证数据的完整性与可靠性，本章剔除了财务数据有缺失的上市公司数据，考虑到异常值对数据的影响，进一步对主要连续变量进行上下1%分位的缩尾（Winsorize）处理，最终获得4 692个样本观测值。本章所有数据处理与实证分析均采用Excel与Stata14.0统计软件完成。

（2）变量定义。

①被解释变量"企业投资效率"的测度。

根据本章4.1节关于企业投资效率测度模型与方法的归纳与整理，本书认为Richardson（2006）所构建的残差度量模型相比其他几种测度方法更具优势，其在度量企业非效率投资时包含多个解释变量，考虑较为周全，且其中Age和Size为外生变量，同时采用变量滞后一期进行分析，能更好地解决内生性问题，使模型更为稳健，因此更能适应文章的研究需要。

鉴于此，借鉴前人（刘慧龙等，2014；王茂林等，2014；黄海杰等，2016）的研究，本书采用Richardson（2006）残差模型度量企业非效率投资与投资效率：

$$Level_t = \beta_0 + \beta_1 Growth_{t-1} + \beta_2 Lev_{t-1} + \beta_3 Cash_{t-1} + \beta_4 Age_{t-1} + \beta_5 Size_{t-1} + \beta_6 Return_{t-1} + \beta_7 Level_{t-1} + \varepsilon$$

其中，Level表示企业预期投资水平，Level=（资本支出+并购支出−出售长期资产收入−折旧）÷总资产。研究通过模型进行Logit回归估计所得残差ε即为企业非效率投资，该值绝对值越大则表示企业非效率投资水平越高，本书采用|ε|的相反数测度企业投资效率。

②控制变量的选取。

根据前文对企业投资影响因素文献的梳理与总结，借鉴李延喜等（2018）的研究，本书对我国上市国有企业的财务特征以及公司治理特征进行了控制。

偿债能力采用资产负债率（Lev）表示，通过"负债总额÷资产总额"计算所得，企业偿债能力越强，获得外部融资的机会越大，可以选择优质的投资项目，提高投资效率，因此企业偿债能力与投资效率正相关。

盈利能力采用年度回报率（Return）表示，为企业再投资的年个股回报率，其与企业投资效率正相关。

成长能力采用年营业收入增长率（Grow）表示，营业收入增长率越高的企业，其选择优质投资项目的机会越多，投资效率越高，因此企业成长能力与投资效率正相关。

自由现金流情况（Cash）通过"现金及现金等价物÷资产总额"计算获得，其与企业投资效率正相关。

Size表示公司规模；Age表示公司成立时间，通过"统计年份-上市年份+1"的自然对数表示，消除当年上市缺失的情况；Board表示董事会规模。此外，本书还加入上市国有企业行业与年度虚拟变量，对行业与时间进行控制，消除其对回归结果的影响。

（3）模型设计。

为了排除其他因素可能产生的影响，准确识别控制权配置改革与国有企业投资效率之间的关系，本书将控制权配置改革作为外生的自然实验，设计双重差分模型（DID）估计控制权配置改革对国有企业投资效率的提升作用，通过控制随时间变化的不可观测总体因素的影响，得到对政策效果的无偏估计。

在研究思路上，本章借鉴了赵放和刘雅君（2016）的做法，假定Inv表示企业投资效率的随机变量；Treat表示组间虚拟变量，Treat=1和Treat=0分别表示参与混合所有制改革的国有控股企业（处理组）与外商投资企业（对照组）；Post表示时间虚拟变量，Post=0和Post=1分别表示政策实施前与政策实施后。具体模型设计如下：

$$
\begin{aligned}
Inv_{i,t} = {} & \alpha_0 + \alpha_1 Post_t + \alpha_2 Treat_i + \alpha_3 Post_t \times Treat_i + \alpha_4 size_{i,t} + \alpha_5 Return_{i,t} \\
& + \alpha_6 Grow_{i,t} + \alpha_7 Lev_{i,t} + \alpha_8 Cash_{i,t} + \alpha_9 Age_{i,t} + \alpha_{10} Board_{i,t} + \varepsilon_{i,t}
\end{aligned}
\tag{4-4}
$$

其中，$Inv_{i,t}$表示第i种企业在时间t时的投资效率，α_0表示常数项，$\varepsilon_{i,t}$表示残差项。根据双重差分模型的设计思想，当Treat = 0时，α_1度量了对照组在控制权配置改革实施前后的差分，由于控制组不受产业政策变更的影响，所以α_1是其他混杂因素作用的结果（孟庆玺等，2016）；当Treat = 1时，$\alpha_1 + \alpha_3$度量了控制权配置改革实施前后实验组的差分，它表示控制权配置改革与其他混杂因素共同作用的结果，因此，α_3表示剔除其他混杂因素后控制权配置改革对国有企业投资效率的净效应。基于2013年11月，中共十八届三中全会发布的《中共中央关于全面深化改革若干重大问题的决定》提出"积极发展混合所有制经济",本章设定2014年作为政策实施与否的时间节点。

4.2.3 实证检验

（1）描述性统计。

首先，本章对2013—2017年的国有上市公司与外商投资企业的投资效率情况进行了统计，见表4-1，国有上市公司与外商投资企业的投资效率均为负，证明不同类型的企业均存在非效率投资问题。进一步地，国有上市公司投资效率与外商投资企业相比，非效率投资水平相对较低。

表4-1　　国有上市公司与外商投资企业的投资效率情况统计

年份	统计指标	投资效率（Inv）	
		国有上市公司	外商投资企业
2013	N	958	81
	Mean	−0.0364	−0.0409
	Std	0.0404	0.0434
2014	N	964	93
	Mean	−0.0349	−0.0485
	Std	0.0403	0.0532
2015	N	952	87
	Mean	−0.0374	−0.0602
	Std	0.0354	0.0599
2016	N	961	89
	Mean	−0.0383	−0.0496
	Std	0.0442	0.0516
2017	N	815	70
	Mean	−0.0342	−0.0461
	Std	0.0411	0.0515

资料来源：由作者运用STATA14.0计算所得。

（2）控制权配置改革实施效果分析。

基于以上理论分析，本书采取近似于自然实验的双重差分模型对2013年11月前后我国国有企业控制权配置改革对投资效率的政策效果进行了实证分析。主模型的被解释变量为企业投资效率（Inv），从表 4-2 中可以看出，根据双重差分估计值结果，控制权配置改革实施效果 的回归系数为 0.009，在 10% 的水平上显著，说明控制权配置改革对我 国国有企业投资效率确实有提升效果，这也进一步证实了假设 4.2.1。

表4-2 双重差分模型估计结果

模型变量	主模型回归系数	T值
Post	−0.005	−1.04
Treated	0.001	（0.29）
Did	0.009[*]	（1.70）
Size	0.003[***]	（5.22）
Return	0.001	（0.53）
Grow	−0.017[***]	（−12.17）
Lev	−0.001	（−0.26）
Cash	−0.001	（−0.17）
Age	0.004[***]	2.83
Board	0.001	0.42
Cons	−0.114[***]	−8.61
Industry	控制	
Year	控制	
N	4692	
R^2	0.088	
R^2_a	0.081	
F	13.167	

注：[*]表示 p<0.1，[**]表示 p<0.05，[***]表示 p<0.01。

资料来源：由作者运用 STATA14.0 计算所得。

4.2.4 稳健性检验

为了确定研究结果的稳健性，确定政策实施的真实效果，本节将对 4.2.3 节双重差分模型（DID）基础回归结果进行安慰剂检验（Placebo Test）。安慰剂检验具有两方面作用：第一是检验自然实验的对象是否 随机；第二是考察遗漏变量在基础回归中是否影响回归结果的稳健性 （Li 等，2016）。

本章中安慰剂检验的具体做法为改变政策发生的时间节点（Post），

即基础回归设定政策实施的时间节点为2014年，在安慰剂检验中将政策实施的时间节点设定为2016年，重新对样本进行双重差分模型检验，检验结果见表4-3。从表4-3中可以看出，混合所有制改革政策实施效果的回归系数为-0.002，并不显著，这说明改变政策的时间节点，控制权配置改革对国有企业投资效率无法产生相应的影响，这进一步证明了本章基础双重差分检验结果的稳健性，即控制权配置改革对国有企业投资效率有提升效果。

表4-3　　　　　　　　　　　安慰剂检验估计结果

模型变量	投资效率	T值
Post	-0.002	-0.46
Treated	0.009***	3.25
Did	-0.002	-0.43
Size	0.003***	5.23
Return	0.001	0.60
Grow	-0.017***	-12.21
Lev	-0.001	-0.28
Cash	-0.001	-0.16
Age	0.004***	2.85
Board	0.001	0.38
cons	-0.121***	-9.47
Industry	控制	
Year	控制	
N	4692	
R^2	0.087	
R^2_a	0.081	
F	13.080	

注：*表示 p<0.1，**表示 p<0.05，***表示 p<0.01。

资料来源：由作者运用STATA14.0计算所得。

4.3　本章小结

混合所有制改革以基本经济制度为根基，由其引发的国有企业控制权配置改革，广泛引入非国有董事，如民营董事、战略投资者、核心员工等非公有董事，实现国有企业内部多元化控制权结构，取长补短、相互融合，最终提高国有企业投资效率与运行效率。本章选取 2013—2017 年参与混合所有制改革的国有企业经验数据，采用双重差分模型对控制权配置改革政策效果进行了评估，研究结果表明，自 2013 年以来，相比外商企业，国有企业投资效率更高，但国有企业与外商投资企业均存在非效率投资行为。通过控制权配置改革，国有企业投资效率有了显著提高，这也证明了国家进一步推行混合所有制改革以及控制权配置变革的有用性与必要性。

第5章 控制权对等性对混合所有制改革国有企业投资效率的影响研究

本书第4章运用双重差分模型研究了控制权配置改革对国有企业投资效率的影响，研究表明，控制权配置改革确实会提高国有企业投资效率，那么，它是如何产生效果的？根据本书第3章的理论分析，在我国当前混合所有制改革的大背景下，随着国有企业股权结构的重新分配与构成，控制权配置呈现出对等性、制衡性、集中性以及独立性四种全新的特征。其中，控制权对等性作为混合所有制改革引起控制权变革的首要特征，将如何影响国有企业投资效率？鉴于此，本章主要从混合所有制改革后国有企业控制权对等性，即控制权与股权对等程度角度入手，研究控制权对等性对混合所有制改革国有企业投资效率的影响，并分组检验股权制衡在控制权对等性与国有企业投资效率关系中产生的作用。

5.1 理论分析与研究假设

5.1.1 控制权对等性与混合所有制改革国有企业投资效率

资本结构是企业内部各种资本价值构成的比例，企业股权结构即为资本结构的一种，是公司治理的本质与基础；而企业董事会结构作为控制权的集中体现，则是公司治理的核心与重点（刘汉民等，2018）。一般而言，控制权是依赖股权存在的，"同股同权"也是现代企业制度一种普遍存在的现象。然而，由于企业各类代理问题的出现，所有权与控制权也逐渐呈现分离状态。学者们针对控制权与股权匹配问题对企业经济活动的影响做出了一定的研究，近年更多学者倾向于支持企业股权与控制权非对等关系对企业绩效的正向影响观点。例如李海英等（2017）认为，"同股同权"与"一股一权"是一种理想的情况，与现实公司治理存在差异，由于股东差异而存在的投票权合理配置更有利于提升企业绩效水平。刘汉民等（2018）则指出，国有企业应对所有权与控制权进行非对等配置，从而缓解代理问题，降低企业成本，进而增强企业竞争力。

在进行混合所有制改革之前，国有企业由国家所有，股权与控制权对等程度较高，此时，内部人控制问题较为严重，国有企业由于享受政策优惠以及隐性福利，其代理人在进行各项投资决策时容易忽略项目本身的可行性及风险，或为了寻求更多的个人利益而放弃企业利益，盲目进行投资，从而造成企业投资过度与效率低下。国有企业混合所有制改革之后，国有企业"一股独大"的股权结构发生了一定程度的改变，国家对国有企业控制根据类型不同分为独自控制、绝对控制、相对控制以及参与管理几种形式，这就体现了在改革中股权与控制权转移的不同步与不对等，国有企业控制权与股权的对等性降低。企业更多地引入战略投资者，此时，董事会呈现多元化状态。从联通混合所有制改革案例可以看出，异质性董事相互制衡的控制权配置结构，以及控制权与股权的非对等配置有效提高了其经营业绩、现金流水平，同时降低其资产负债率。因此，对于国有企业，特别是一些高新技术企业或处于充分竞争行业的国有企业，国家更多地将企业控制权配置给非国有股东，此时，非国有股东的逐利特性使企业更注重投资项目盈利性与风险性的均衡；同时，由于兼有国有企业原有的政策优势，改革后的国有企业在对待投资时更为谨慎，对性价比的追求更为明显，企业投资效率将有所提高；但同时，可能由于调研的充分与选择的谨慎，造成企业投资不足的现象更为严重。

因此，基于前文分析，提出以下假设：

5.1.1a：控制权与股权对等性越高，国有企业投资效率越低；控制权与股权对等性越低，国有企业投资效率越高；

5.1.1b：控制权与股权对等性越高，国有企业过度投资水平越高；控制权与股权对等性越低，国有企业过度投资水平越低；

5.1.1c：控制权与股权对等性越高，国有企业投资不足水平越低；控制权与股权对等性越低，国有企业投资不足水平越高。

5.1.2 控制权对等性、股权结构与混合所有制改革国有企业投资效率

学者们对股权结构的研究一般集中于股权性质、股权集中度以及股权制衡三方面。随着股权制衡理论的提出，国内外学者针对股权制衡这种治理机制对公司治理影响的研究也逐渐增多。由于本书的研究样本为国有企业，不涉及股权性质，同时，股东的持股比例以及相互制衡程度是控制权配置的首要因素，控制权非对等性则是由混合所有制改革所引发的控制权改革的第一步，因此本节选取股权制衡用以反映股权结构，衡量其对控制权对等性与投资效率关系的调节作用。

混合所有制改革对国有企业股权结构的改变，除了降低国有资本的集中程度，更重要的是通过加入异质性股东，使各股东之间形成了相对制衡的状态。众所周知，当股权较为集中时，"一股独大"现象较为严重，此时，股权制衡程度较低，大股东由于缺乏制衡会做出不利于公司治理效率的决策，他们有更强的动力让企业成为为自身服务的工具。这就是"第二类代理问题"，处于控制权优势地位的大股东与中小股东间

存在严重的利益冲突，由于我国特殊的制度背景与法律环境，没有相应的机制保护中小股东的利益。特别是在国有企业中，这种问题尤为严重。进一步地，随着控制权对等性的不断提高，即第一大股东董事占比与股权占比的提高，第一大股东的控制权越来越大，此时第一大股东在缺乏监管与制衡的情况下，侵占其他股东利益或谋求私利的行为将更多，这将导致一定的决策失误，特别是对于企业的投资决策，由于大股东的"一言堂"，缺乏应有的可行性调研或对项目的了解，企业将陷入盲目投资的局面，从而造成投资效率的低下。因此，本节提出以下假设：

5.1.2a：当国有企业股权制衡水平较低时，控制权对等性越高，企业投资效率越低；控制权对等性越低，企业投资效率越高。

5.1.2b：当国有企业股权制衡水平较低时，控制权对等性越高，过度投资水平越高；控制权对等性越低，过度投资水平越低。

5.1.2c：当国有企业股权制衡水平较低时，控制权对等性越高，投资不足水平越低；控制权对等性越低，投资不足水平越高。

为了有效解决"第二类代理问题"，同时建立国有企业具有竞争力与创新力的治理体系，国有企业混合所有制改革成为国资国改的重要环节。国有资本与民营资本的融合，使得国有企业"一股独大"的现状得以改变，多个股东之间形成相互监督与制约的模式，即"股权制衡"。当股权制衡处于较高水平时，异质性股东较多，国有资本集中度降低。一方面，随着企业内部控制权对等性的降低，越来越多的异质性董事参与董事会治理，使董事之间形成较强的抑制效果，改善"内部人控制"，有助于提高混合所有制改革国有企业投资效率；另一方面，异质性董事间的制衡效果会导致企业内部投资决策更为谨慎，意见分歧效应增强（黄建欢等，2015），企业过度投资得到进一步缓解。

因此，基于以上理论分析，可提出如下假设：

5.1.2d：当国有企业股权制衡水平较高时，控制权对等性越低，企业投资效率越高。

5.1.2e：当国有企业股权制衡水平较高时，控制权对等性越低，过度投资水平越低。

5.2 研究设计与实证检验

5.2.1 样本选择与数据来源

本部分选取 2013—2017 年我国上市国有企业相关财务与公司治理经验数据，选择其中具有非公有制资本参股的企业，共获得样本数据 4 526 个，研究控制权对等性对国有企业投资效率及非效率投资的影响。之后，对样本按照低股权制衡组和高股权制衡组进行分组检验，并根据其中位数进行分组，得到低股权制衡组样本数 2 188 个，高股权制衡组样本数 2 338 个。第一大股东的董事数量来自国泰安（CSMAR）数据库人物研究子库董监高个人特征数据，并按照董事成员简历与东方财富网公布的企业股东信息手工搜集归属于第一大股东的董事数量进行后续计量，其他财务及股权结构相关数据主要来自国泰安（CSMAR）数据库。

5.2.2 变量定义与测度

（1）企业投资效率的测度。

同第 4 章对于"企业投资效率"的测度，本章采用 Richardson（2006）所构建的残差度量模型。

此外，本章将企业非效率投资分成过度投资与投资不足两组进行分析，当残差为正值时表示企业过度投资水平，当残差为负值时表示企业投资不足水平。

（2）控制权对等性的测度。

对等性是对两种不同事物或客体相互关系的描述，它表示两种客体在数量或质量上的一一对应。企业控制权的对等性准确来讲是控制权与股权的对等性，是用来表述控制权与股权的对等关系，它表示了一种公司治理结构。通常来讲，企业控制权结构是按照股权结构进行配置的，即"一股一权"或"一股一票"，学者们早年的研究大多认可了此观点，其中 Harris 和 Raviv（1989）提出的匹配原则就承认了剩余控制权与剩余索取权相匹配的最优状况。王甄和胡军（2016）也基于股权与控制权对等逻辑指出，国有企业的民营化可以提高企业绩效。

然而，随着国有企业混合所有制"渐进式改革"过程的推进，国有企业引入新的股权，由于国有企业类型的不同，以往"一股一权"或"同股同权"的股权控制权对等制度也发生了相应的改变。此时，是继续维持股权与控制权的对等性还是根据实际情况对企业控制权进行重新配置成为学者以及国有企业关注的重点问题。

因此，控制权对等性是反映在国有企业中各异质股权与其控制权的对应关系，在当前我国国有企业混合所有制改革的大背景下，两者关系的研究，既有利于国有资本的保值增值，又有助于国家制定适合我国国有企业的现代企业治理结构与治理制度，从根本上提高国有企业的市场竞争力。

以往学者由于对控制权配置特征概念与界定的不明确，较少研究控制权对等性对企业绩效的影响。学者们大多分别研究控制权与股权对企业各项经营活动的影响，然后对二者进行比较。

①倾向匹配得分法（Propensity Score Matching）。

武常岐与张林（2014）采用倾向匹配得分法，研究了在国有企业改革过程中所有权与控制权的转移情况对企业绩效产生的不同影响。他们首先将"非国有控股"与股权性质为"国有"的企业进行标记；其次，对挑选出的企业再次进行筛选，并记录这些企业中出现非国有资本或股权性质变为"非国有"的时间，并将这些进行"民营化"的企业作为处理组，其他未进行"民营化"的企业作为控制组进行研究。之后，根据所选取的控制组与处理组进行倾向匹配得分分析。

第一，采用Logit模型计算倾向值，具体模型如下：

$$y_{i,t} = X_{i,t-1}\beta + \varepsilon_{it} \tag{5-1}$$

其中，y_{it}表示 i 企业第 t 年是否民营化，$X_{i,t-1}$表示 i 企业 t−1 年的资产情况以及员工情况。

第二，根据倾向值进行得分匹配，采用最邻近匹配方法选出各民营化企业得分最相近的企业。

第三，对匹配后的平衡性进行评价，并计算出处理组企业民营化之后3年中每年的平均处理效应，具体模型为：

$$\text{ATT}_k = \frac{1}{n}\sum(\text{ROA}_{t+k}^{\text{treated}} - \text{ROA}_{t+k}^{\text{control}}) - \frac{1}{n}\sum(\text{ROA}_{t-1}^{\text{treated}} - \text{ROA}_{t-1}^{\text{control}}), k = 1,2,3 \qquad (5-2)$$

最后，对所有结果进行平衡性检验，检验进行匹配前后控制组与处理组的企业绩效差别是否受到除民营化变化外的其他因素影响。

这种方法考虑了内生性问题可能对结果造成的影响且操作较为简便，同时解决了控制组与处理组可比特征较少的特点，但倾向匹配得分法并未对本章所研究的控制权对等性进行直观的测度。

②采用第一大股东的董事占比与股权占比比例进行测度。

由于控制权对等性反映的是企业股权与控制权的对应关系，因此可以采用控制权与股权度量指标的比值对控制权对等性进行测度。首先，考虑企业控制权的测度，刘汉民等（2018）认为，由董事组成的董事会是企业的经营决策与执行机构，董事会席位多少代表了所掌握企业控制权的多少，并将董事会多数席位定义为企业控制权。Lipton 和 Lorsch（1992）认为，内部董事对公司战略方针进行制定，而外部董事有效监督公司内部治理（Coles 等，2008）。Jensen 和 Meckling（1976）研究发现，外部董事数量的增加将有效提高公司治理效率。基于此，本书认为，代表第一大股东意愿的董事应包括由第一大股东派驻进企业的外部董事和企业内部董事，内部董事是指就职于该企业的董事。其次，第一大股东股权比例即第一大股东持股比例，该数据可从国泰安数据库中直接获得。

因此，可采用第一大股东的董事占比与股权占比比例来测度上市公司控制权对等性，其中内部董事与第一大股东委派的外部董事均包含于第一大股东的董事数量。

（3）控制变量的选取。

同本书第4章实证检验对控制变量的选取与设定。

（4）股权结构的测度。

针对股权制衡的测度，测度方法有以下几种：

第一，采用大股东与其他股东间的制衡程度进行衡量，如第二至第五大股东与第一大股东持股比例的比值；第二至第十大股东与第一大股东持股比例的比值（陈德萍和陈永圣，2011；黄建欢等，2015；刘亚伟和张兆国，2016）。

第二，采用前十大股东持股比例减去实际控制人持股比例与实际控制人持股比例的比值用以衡量企业股权制衡性（黄建欢等，2015；郭婧，2017）。

综合考虑以上两种方法，本部分采用第二种"新股权制衡测度"方法，用（前十大股东持股比例-实际控制人持股比例）÷实际控制人持股比例，来衡量企业股权制衡性。将本书样本按照股权制衡性中位数进行分组，分为低股权制衡性组与高股权制衡性组。

表5-1对本书所涉及的变量的具体名称和解释做出描述，之后章节不再赘述：

表5-1 变量定义与解释

项目	变量名称	变量符号	变量解释
被解释变量	投资效率	Inv	以模型（5-1）估计的残差绝对值的相反数表示，值越大表示投资效率越高
	过度投资	OverInv	以模型（5-2）估计的残差大于0的值表示，取1
	投资不足	UnderInv	以模型（5-3）估计的残差小于0的值表示，取0
解释变量	控制权对等性	duidengRate	以第一大股东董事占比与股权占比比例表示
	控制权制衡性	zhRate	以第二至第十大股东董事占比与第一大股东董事占比比例表示
	控制权集中性	kzqbl	以上市公司控制人中实际控制人控制权比例表示
	控制权独立性	DsjldualRate	以上市国有企业董事与经理（CEO和CFO）兼任人数除以董事人数表示
控制变量	公司规模	Size	以资产总额自然对数表示
	资产负债率	Lev	负债总额÷资产总额

续表

项目	变量名称	变量符号	变量解释
控制变量	年度回报率	Return	以再投资年个股回报率表示
	营收增长率	Grow	以年营业收入增长率表示
	自有现金流	Cash	以现金及现金等价物除以资产总额表示
	成立时间	Age	以（统计年份−上市年份+1）的自然对数表示
	董事会规模	Board	以董事人数的自然对数表示
	年度	Year	年度虚拟变量，控制
	行业	Ind	行业虚拟变量，控制

5.2.3 模型设计

根据本章节研究目的，检验控制权对等性对国有企业投资效率的影响，本章构建模型（5-3）（5-4）（5-5）进行实证分析：

$$\text{Inv}_{i,t} = \alpha_0 + \alpha_1 \text{duidengRate}_{i,t} + \alpha_2 \text{Size}_{i,t} + \alpha_3 \text{Return}_{i,t} + \alpha_4 \text{Grow}_{i,t} + \alpha_5 \text{Lev}_{i,t}$$
$$+ \alpha_6 \text{Cash}_{i,t} + \alpha_7 \text{Age}_{i,t} + \alpha_8 \text{Board}_{i,t} + \sum \text{Ind} + \sum \text{Year} + \varepsilon_{i,t} \tag{5-3}$$

$$\text{OverInv}_{i,t} = \beta_0 + \beta_1 \text{duidengRate}_{i,t} + \beta_2 \text{Size}_{i,t} + \beta_3 \text{Return}_{i,t} + \beta_4 \text{Grow}_{i,t} + \beta_5 \text{Lev}_{i,t}$$
$$+ \beta_6 \text{Cash}_{i,t} + \beta_7 \text{Age}_{i,t} + \beta_8 \text{Board}_{i,t} + \sum \text{Ind} + \sum \text{Year} + \varepsilon_{i,t} \tag{5-4}$$

$$\text{UnderInv}_{i,t} = \gamma_0 + \gamma_1 \text{duidengRate}_{i,t} + \gamma_2 \text{Size}_{i,t} + \gamma_3 \text{Return}_{i,t} + \gamma_4 \text{Grow}_{i,t} + \gamma_5 \text{Lev}_{i,t}$$
$$+ \gamma_6 \text{Cash}_{i,t} + \gamma_7 \text{Age}_{i,t} + \gamma_8 \text{Board}_{i,t} + \sum \text{Ind} + \sum \text{Year} + \varepsilon_{i,t} \tag{5-5}$$

$$\text{Inv}_{i,t} = \delta_0 + \delta_1 \text{duidengRate}_{i,t} + \delta_2 \text{Size}_{i,t} + \delta_3 \text{Return}_{i,t} + \delta_4 \text{Grow}_{i,t} + \delta_5 \text{Lev}_{i,t}$$
$$+ \delta_6 \text{Cash}_{i,t} + \delta_7 \text{Age}_{i,t} + \delta_8 \text{Board}_{i,t} + \sum \text{Ind} + \sum \text{Year} + \varepsilon_{i,t} \tag{5-6}$$

其中，duidengRate为解释变量，表示控制权对等性，即第一大股东的董事占比与股权占比比例，模型中涉及的其余各变量定义与第4章一致。模型（5-3）用于检验假设5.1.1a，模型（5-4）用于检验假设5.1.1b，模型（5-5）用于检验假设5.1.1c。

之后，对模型（5-6）投资效率（Inv）进行替换，分别对国有企业过度投资与投资不足行为进行实证检验，模型中其他变量不变，用于检验假设5.1.2a至5.1.2e。

5.2.4 实证检验

（1）描述性统计。

本部分对主要变量进行了描述性统计，结果见表5-2。由结果可以看出，上市国有企业控制权对等性最大值为4.8100，最小值为0，均值为1.5154。说明我国上市国有企业第一大股东控制权与股权对等性差异较大，且从整体来看，第一大股东占企业控制权较大，这种情况与实际相符，即在我国，国家对国有企业绝对控制的情况较为广泛，且存在于股权不对等的情况，这可能对国有企业投资效率与非效率水平产生一定影响。此外，在研究区间内的样本国有上市公司的偿债能力、盈利能力、成长能力、自由现金流水平以及公司规模、成立年限等都存在着显著差异。显然，上述财务特征或公司治理特征都会影响国有上市公司的投资效率及水平，影响企业非效率投资水平。

表5-2　　　　　　　　**控制权对等性描述性统计结果**

variable	N	mean	sd	p25	p50	p75	min	max
Inv	4 500	−0.0364	0.0404	−0.0439	−0.0251	−0.0124	−0.2535	−0.0006
OverInv	4 500	0.3301	0.4703	0.0000	0.0000	1.0000	0.0000	1.0000
UnderInv	4 500	0.6699	0.4703	0.0000	1.0000	1.0000	0.0000	1.0000
duidengRate	4 500	1.5154	0.8280	0.9684	1.3268	1.8462	0.0000	4.8100
Size	4 500	22.7773	1.3839	21.8116	22.6098	23.6224	19.9513	26.9531
Return	4 500	0.1821	0.4505	−0.1571	0.0878	0.4182	−0.4868	1.8554
Grow	4 500	0.1280	0.4546	−0.0631	0.0544	0.1887	−0.5613	3.0657
Lev	4 500	0.5203	0.2069	0.3622	0.5265	0.6774	0.0955	0.9787
Cash	4 500	0.1402	0.1054	0.0643	0.1121	0.1865	0.0092	0.5174
Age	4 500	2.6817	0.4571	2.4849	2.8332	2.9957	1.0986	3.2189
Board	4 500	2.1979	0.1969	2.0794	2.1972	2.3026	1.6094	2.7081

资料来源：由作者运用STATA14.0计算所得。

　　此外，表5-3报告了控制权对等性2015—2019年的描述性统计，结果显示，控制权对等性平均值自2015—2017年逐年上升，且各企业波动差异不大，这说明国有企业混合所有制改革对企业内部控制权配置产生了一定的影响。

表5-3　　　　　　　控制权对等性分年度描述性统计

Variable	Year	Obs	mean	Std	min	max
控制权对等性 （duidengRate）	2015	952	0.9499	0.7836	0	4.2381
	2016	961	1.4709	0.7799	0	4.2381
	2017	692	1.4763	0.938	0	4.2381
	2018	958	1.007	0.7769	0	4.2381
	2019	963	1.4876	0.7873	0	4.2381

资料来源：由作者运用STATA14.0计算所得。

　　（2）变量相关性分析。

　　表5-4报告了样本中的上市国有企业控制权对等性与企业投资效率以及过度投资和投资不足的相关系数。可以看出，控制权对等性与企业投资效率的相关系数是-0.0220，初步可以表明上市国有企业控制权与股权对等性越高，企业投资效率越低。控制权对等性与过度投资水平的相关系数为0.028，在10%的水平上显著，初步可以判断随着控制权与股权对等性的提高，国有企业过度投资水平加重。控制权对等性与投资不足水平的相关系数为-0.028，在10%的水平上显著，则初步表明控制权与股权对等程度较高时，国有企业投资不足水平得到缓解。综上所述，控制权对等性降低国有企业投资效率的同时加重上市国有企业过度投资水平，但对投资不足水平有所缓解，实际作用效果有待进一步实证做出检验。

　　此外，企业规模、公司偿债能力与成立年限与企业投资效率显著正相关，说明企业规模越大、偿债能力越强，成立时间越长则其投资效率越高；公司自由现金流则与企业投资效率显著负相关，说明企业现金越充足，则其投资效率越低。另外，企业财务特征与公司治理特征也与过度投资以及投资不足存在显著关系。

表 5-4

控制权对等性主要变量相关性分析

项目	Inv	OverInv	UnderInv	duidengRate	Size	Return	Grow	Lev	Cash	Age	Board
Inv	1										
OverInv	-0.173***	1									
UnderInv	0.173***	-1	1								
duidengRate	-0.0220	0.028*	-0.028*	1							
Size	0.108***	0.176***	-0.176***	-0.199***	1						
Return	-0.0120	0.027*	-0.027*	-0.054***	-0.068***	1					
Grow	-0.189***	0.135***	-0.135***	0.026	0.046*	0.0150	1				
Lev	0.076***	0.074***	-0.074***	-0.0120	0.374***	0.0100	0.0240	1			
Cash	-0.040***	-0.085***	0.085***	-0.046***	-0.154***	0.0230	0.038*	-0.343***	1		
Age	0.052***	0.0190	-0.0190	0.154***	-0.0030	-0.051***	0.0090	0.129***	-0.059***	1	
Board	0.0030	0.067***	-0.067***	0.029	0.179***	-0.0160	-0.0160	0.038**	-0.078***	-0.070***	1

注：*表示 p<0.1，**表示 p<0.05，***表示 p<0.01。

资料来源：由作者运用 STATA14.0 计算所得。

（3）实证结果分析。

实证结果见表5-5，分别报告了样本国有上市公司控制权对等性（第一大股东的董事占比与股权占比比例）与企业投资效率、过度投资以及投资不足水平的回归结果。

表5-5　　　　　　　　　控制权对等性基础回归结果

项目	（1）	（2）	（3）	（4）	（5）	（6）
	投资效率（Inv）		过度投资（OverInv）		投资不足（UnderInv）	
duidengRate	−0.001	−0.0004	0.0236***	0.0327***	−0.0236***	−0.0327***
	（−1.3365）	（−0.6053）	（2.7413）	（3.7924）	（−2.7413）	（−3.7924）
Size		0.0028***		0.0685***		−0.0685***
		（5.6850）		（11.7319）		（−11.7319）
Return		0.0004		0.0623***		−0.0623***
		（0.2545）		（3.4271）		（−3.4271）
Grow		−0.0160***		0.1364***		−0.1364***
		（−12.2080）		（8.8881）		（−8.8881）
Lev		−0.0037		−0.0950**		0.0950**
		（−1.0904）		（−2.3616）		（2.3616）
Cash		−0.0085		−0.3116***		0.3116***
		（−1.3462）		（−4.1968）		（4.1968）
Age		0.0035**		0.0367**		−0.0367**
		（2.5707）		（2.3284）		（−2.3284）
Board		−0.0010		0.0705**		−0.0705**
		（−0.3400）		（1.9685）		（−1.9685）
cons	−0.0425***	−0.1069***	0.3252***	−1.3200***	0.6748***	2.3200***
	（−8.7045）	（−8.3302）	（5.6309）	（−8.7843）	（11.6864）	（15.4390）
Industry	控制	控制	控制	控制	控制	控制
Year	控制	控制	控制	控制	控制	控制
N	4 526	4 526	4 526	4 526	4 526	4 526
R^2	0.0439	0.0827	0.0279	0.0867	0.0279	0.0867
R^2_a	0.0384	0.0760	0.0222	0.0800	0.0222	0.0800
F	7.9441	12.2713	4.9589	12.9280	4.9589	12.9280

注：*表示$p<0.1$，**表示$p<0.05$，***表示$p<0.01$；括号内为t值。

资料来源：由作者运用STATA14.0计算所得。

回归（2）是在回归（1）的基础上加入控制变量，由结果可以看出，第一大股东的董事占比与股权占比比例与国有企业投资效率的回归系数为−0.0004，但并不显著，假设5.1.1a未得到验证。这说明我国在进行混合所有制改革的进程中，虽然国有企业控制权进行了重新配置，控制权与股权逐渐呈现出非对等状态，但这种状态并没有显著缓解国有企业投资效率低下的问题。这可能是因为虽然在名义上控制权与股权状态发生改变，但国有企业内部治理机制仍不完善，"内部人控制"问题仍旧存在，企业内部各项职能未能发挥良好的作用。

回归（4）是在回归（3）的基础上加入控制变量对控制权对等性（第一大股东的董事占比与股权占比比例）与过度投资的关系进行检验。可以看出，控制权对等性与国有企业过度投资的回归系数为 0.0236 和 0.0327，均在 1% 的水平上显著，这有力地证明了控制权与股权对等性越高，国有企业过度投资水平越高；反之，国有企业过度投资水平越低，假设 5.1.1b 得到验证。以上实证检验结果也进一步说明我国实行国有企业混合所有制改革的必要性，"一股一票"的逻辑可以在本轮改革中被替代，国家可以在控股国有企业、避免国有资产流失的同时，将控制权让渡给适合的非国有资本，如此一来，国有企业内部代理人问题得到缓解的同时，民营资本先进的管理理念与治理结构可以为国有企业带来新鲜的血液，两者的相互制衡还可以有效抑制国有企业的盲目投资行为。

最后，回归（5）与回归（6）报告了控制权对等性（第一大股东的董事占比与股权占比比例）与国有企业投资不足的关系，其中，回归（6）是在回归（5）的基础上加入了控制变量。实证结果显示，控制权对等性与样本国有上市公司投资不足水平的回归系数为 −0.0236 和 −0.0327，均在 1% 的水平上显著，这说明当控制权与股权对等程度较高时，国有企业投资不足水平较低；随着两者对等程度的降低，国有企业投资不足水平加重，假设 5.1.1c 得到验证。由于混合所有制改革的进行，国有企业控制权与股权存在非对等安排，此时，将更多的控制权分配给非国有董事，吸引非国有资本参与国有企业混合所有制改革，并发挥他们对市场的熟悉与适应能力，为国有企业选择更优质的投资项目，使国有企业真正与市场接轨，对国有企业投资项目重质不重量。因此，虽然随着控制权与股权的非对等安排，国有企业投资项目有所减少，且可能造成投资不足情况，但这种适应市场需求的发展，才是国有企业混合所有制改革的目标。

此外，投资效率、过度投资以及投资不足模型中控制变量的回归结果见表5-5，此处不再做描述。

　　随后，考察股权制衡程度不同时国有上市公司控制权对等性与其投资效率以及非效率投资的关系，见表5-6，本部分将国有上市公司股权制衡程度按中位数进行分组，分别检验高股权制衡组与低股权制衡组中两者的关系。

表5-6　　　　　考虑股权制衡的控制权对等性回归结果

项目	(1) Inv	(2) OverInv	(3) UnderInv	(4) Inv	(5) OverInv	(6) UnderInv
	低股权制衡组			高股权制衡组		
duidengRate	−0.0009	0.0141	−0.0141	0.0006	0.0257**	−0.0257**
	(−0.6598)	(0.8238)	(−0.8238)	(0.6125)	(2.3607)	(−2.3607)
	chi（1）=0.66, Prob>chi2=0.4162					
			chi（1）=0.35, Prob>chi2=0.5566			
				chi（1）=0.35, Prob>chi2=0.5566		
Size	0.0028***	0.0647***	−0.0647***	0.0030***	0.0691***	−0.0691***
	(4.1437)	(7.6246)	(−7.6246)	(4.1348)	(8.4030)	(−8.4030)
Return	0.0032	0.0235	−0.0235	−0.0016	0.0920***	−0.0920***
	(1.5385)	(0.9038)	(−0.9038)	(−0.6907)	(3.5803)	(−3.5803)
Grow	−0.0159***	0.1630***	−0.1630***	−0.0159***	0.1109***	−0.1109***
	(−8.8078)	(7.1980)	(−7.1980)	(−8.4129)	(5.2713)	(−5.2713)
Lev	−0.0102**	−0.0444	0.0444	0.0016	−0.1324**	0.1324**
	(−2.2426)	(−0.7812)	(0.7812)	(0.3102)	(−2.3009)	(2.3009)
Cash	−0.0185**	−0.1851*	0.1851*	−0.0023	−0.4189***	0.4189***
	(−2.1727)	(−1.7388)	(1.7388)	(−0.2379)	(−3.9404)	(3.9404)
Age	0.0061***	0.0592**	−0.0592**	0.0006	0.0348	−0.0348
	(3.2036)	(2.4746)	(−2.4746)	(0.3142)	(1.5843)	(−1.5843)
Board	0.0017	0.0485	−0.0485	−0.0026	0.0723	−0.0723
	(0.4261)	(0.9571)	(−0.9571)	(−0.5670)	(1.3990)	(−1.3990)
cons	−0.1136***	−1.1689***	2.1689***	−0.1070***	−1.3685***	2.3685***
	(−6.5663)	(−5.4007)	(10.0213)	(−5.6114)	(−6.4325)	(11.1327)
Industry	控制	控制	控制	控制	控制	控制
Year	控制	控制	控制	控制	控制	控制
N	2 188	2 188	2 188	2 338	2 338	2 338
R²	0.0909	0.1070	0.1070	0.0903	0.0831	0.0831
R²_a	0.0774	0.0937	0.0937	0.0773	0.0700	0.0700
F	6.7335	8.0670	8.0670	6.9293	6.3301	6.3301

　　注：括号内为t值；*表示p<0.1，**表示p<0.05，***表示p<0.01。结果（1）和（4）、（2）和（5）、（3）和（6）中的控制权对等性与企业投资回归系数差异suest检验结果分别为：P=0.4162，P=0.5566，P=0.5566。

　　资料来源：由作者运用STATA14.0计算所得。

　　回归（1）、回归（2）与回归（3）分别显示了在低股权制衡组，国有上市公司控制权对等性对企业投资效率、过度投资以及投资不足的影响效果。结果显示，控制权对等性与国有企业投资效率的回归系数为−0.0009，呈负相关关系，但不显著，这可能是因为国有企业所具备的先天优势使其在进行投资决策时可以掌握相较于其他企业的社会资源与优势，使得国有资本"一言堂"所带来的弊端并未显著体现，假设5.1.2a未得到验证。其次，控制权对等性与国有企业过度投资水平的回归系数为0.0141，与企业投资不足的回归系数是-0.0141，均不显著，假设5.1.2b与假设5.1.2c均未得到验证。这说明当国有上市公司股权制衡程度较低时，国有资本"一股独大"，随着大股东控制权对等性的升高，企业过度投资并无显著提高，投资不足水平也无明显提低。

回归（4）、（5）以及回归（6）则报告了在高股权制衡组，国有上市公司控制权对等性与企业投资效率以及过度投资的关系。由结果可以看出，控制权对等性与国有企业投资效率的回归系数是0.0006，两者虽呈正相关关系，但并不显著，说明当国有企业经过混合所有制改革达到较高的股权制衡程度时，随着控制权对等性的降低，企业投资效率并未有显著提升，假设5.1.2d并未得到验证。这说明虽然国有企业在改革后其国有资本得到一定程度的制衡，但当其控制权对等性降低时，国有企业仍会因为国有资本的控制缺乏改革所希望的市场竞争力，投资效率并无显著改善。其次，控制权对等性与企业过度投资的回归系数0.0257，在5%的水平上显著，由此可以看出，当国有资本存在应有的股权制衡时，随着其控制权对等性的不断降低，大股东自利行为得到有效抑制，从而有效缓解了国有企业过度投资水平，假设5.1.2e得到验证，说明企业内部制衡机制的重要作用。最后，控制权对等性与企业投资不足的回归系数为-0.0257，在5%的水平上显著，说明在股权制衡水平较高时，控制权对等性与企业投资不足呈负相关关系，即由于制衡关系的存在，控制权与股权越对等，投资不足水平越低。

另外，本节还对低股权制衡组与高股权制衡组的投资效率、过度投资与投资不足的回归系数进行了似无相关估计（suest）检验，结果并无显著差异。

综合以上结果可以看出，当国有上市公司控制权对等性越高时，企业过度投资水平越高，而投资不足水平得到有效缓解。因此，我国在进行混合所有制改革时，应充分考虑不同的国有企业类型，采取差异化的股权制衡形式与企业内部控制权配置方式，从而最终实现国有企业投资效率的有效提升。

5.2.5 稳健性检验

由于度量误差、遗漏重要变量、解释变量与被解释变量反向因果均可能给研究结果带来内生性问题，本部分采用工具变量法（IV），运用2SLS对上述控制权对等性与企业投资效率相关变量进行稳健性检验，将第一大股东的董事占比与股权占比比例（duidengRate）滞后一期作为工具变量。由于第一大股东的董事占比与股权占比比例仅会对当期国有企业投资行为产生影响，因此，第一大股东的董事占比与股权占比比例滞后一期与企业当期投资不相关，且与随机扰动项无关，可以作为2SLS方法下内生性检验的工具变量。

表5-7报告了使用2SLS方法对滞后一期的解释变量控制权对等性（第一大股东的董事占比与股权占比比例）与国有企业投资效率关系进行回归的结果。根据弱工具变量检验，最小特征值F统计量为157.0251，大于经验值10，不存在弱识别，因此，本部分稳健性检验所选取的工具变量较为合适。

回归结果（2）报告了样本国有上市公司控制权对等性与投资效率的关系，两者的回归系数为-0.0009，但仍不显著，因此可以认为，即使考虑内生性因素，国有上市公司控制权对等性对企业投资效率仍无显著影响。

回归结果（4）报告了国有上市公司控制权对等性对过度投资水平的影响，回归系数为0.0459，在1%的水平上显著。这进一步证实了本章基础回归的结论，即国有企业控制权与股权对等程度越高，企业过度投资水平越高；反之随着两者的对等性降低，企业过度投资水平将得到有效缓解。

回归结果（6）则报告了样本国有上市公司控制权对等性与企业投资不足水平的关系。结果显示，两者的回归系数为-0.0459，在1%的水平上显著。因此可以看出，在考虑可能存在的内生性问题后，国有企业混合所有制改革引起的控制权与股权非对等配置，可能会引起企业投资不足，此结论与本章基础回归结果一致。

由此可见，虽然运用2SLS稳健性检验方法对回归模型进行重新分析得到了与之前不同的回归系数，但国有企业控制权对等性对企业投资效率、过度投资以及投资不足影响的显著性无明显差别，基础回归结论依然成立，即控制权对等性与国有企业过度投资水平显著正相关，与投资不足水平显著负相关。因此，本节基础回归实证研究结果具有稳健性。

表5-7　　　　　　　2SLS方法下的控制权对等性回归结果

项目	(1) 第一阶段	(2) 第二阶段	(3) 第一阶段	(4) 第二阶段	(5) 第一阶段	(6) 第二阶段
	投资效率（Inv）		过度投资（OverInv）		投资不足（UnderInv）	
对等性		−0.0009		0.0459***		−0.0459***
		(−0.8805)		(3.8427)		(−3.8427)
L.对等性	0.8583***		0.8583***		0.8583***	
	(78.4339)		(78.4339)		(78.4339)	
Size	−0.0269***	0.0025***	−0.0269***	0.0720***	−0.0269***	−0.0720***
	(−3.8786)	(4.5019)	(−3.8786)	(10.9716)	(−3.8786)	(−10.9716)
Return	−0.0195	0.0009	−0.0195	0.0685***	−0.0195	−0.0685***
	(−0.8877)	(0.4908)	(−0.8877)	(3.3249)	(−0.8877)	(−3.3249)
Grow	−0.0326*	−0.0181***	−0.0326*	0.1356***	−0.0326*	−0.1356***
	(−1.8016)	(−12.6009)	(−1.8016)	(8.0154)	(−1.8016)	(−8.0154)
Lev	0.0620	−0.0056	0.0620	−0.0786*	0.0620	0.0786*
	(1.2911)	(−1.4796)	(1.2911)	(−1.7483)	(1.2911)	(1.7483)
Cash	0.0121	−0.0110	0.0121	−0.3487***	0.0121	0.3487***
	(0.1370)	(−1.5694)	(0.1370)	(−4.1995)	(0.1370)	(4.1995)
Age	0.0203	0.0034**	0.0203	0.0543***	0.0203	−0.0543***
	(0.9876)	(2.1059)	(0.9876)	(2.8086)	(0.9876)	(−2.8086)
Board	0.1115***	−0.0003	0.1115***	0.0580	0.1115***	−0.0580
	(2.6452)	(−0.1033)	(2.6452)	(1.4655)	(2.6452)	(−1.4655)
cons	0.4952***	−0.0938***	0.4952***	−1.5436***	0.4952***	2.5436***
	(2.6981)	(−6.3975)	(2.6981)	(−8.9252)	(2.6981)	(14.7074)
Industry	控制	控制	控制	控制	控制	控制
Year	控制	控制	控制	控制	控制	控制
N	3 491	3 491	3 491	3 491	3 491	3 491
R^2	0.6807	0.0938	0.6807	0.0979	0.6807	0.0979
R^2_a	0.6778	0.0854	0.6778	0.0895	0.6778	0.0895
F	230.3957		230.3957		230.3957	

注：*表示p<0.1，**表示p<0.05，***表示p<0.01；第一阶段和第二阶段回归结果括号内分别为t值和Z值；L.为滞后算子。

资料来源：由作者运用STATA14.0计算所得。

之后，考察股权制衡作为调节变量实证结果的稳健性。由于度量误差、遗漏解释变量或解释变量与被解释变量的反向因果关系均可能产生内生性问题，从而对实证检验的结果造成影响，因此本节对解释变量进行滞后一期处理以缓解内生性问题，同本节基础回归一致，稳健性检验依然按股权制衡高低将样本分成两组，其中，低股权制衡组涉及样本数1 720个，高股权制衡组涉及样本数1 890个。

表5-8报告了在考虑股权制衡的情况下，对解释变量控制权对等性即第一大股东董事占比与股权占比比例滞后一期后，控制权对等性与国有企业投资效率以及非效率投资关系。在低股权制衡组，控制权对等性与国有企业过度投资水平的回归系数为0.0312，在10%的水平上显著，与国有企业投资不足水平则在10%的水平上显著负相关。

表5-8　　**考虑股权制衡的控制权对等性稳健性检验结果**

项目	(1) Inv	(2) OverInv	(3) Underinv	(4) Inv	(5) OverInv	(6) UnderInv
	低股权制衡组			高股权制衡组		
duidengRate	−0.0006	0.0312[*]	−0.0312[*]	0.0011	0.0258[*]	−0.0258[*]
	(−0.3995)	(1.7533)	(−1.7533)	(0.8887)	(1.8898)	(−1.8898)
	chi2（1）=0.67，Prob>chi2=0.4125					
		chi2（1）=0.06，Prob>chi2=0.8101				
			chi2（1）=0.06，Prob>chi2=0.8101			
Size	0.0029[***]	0.0669[***]	−0.0669[***]	0.0028[***]	0.0667[***]	−0.0667[***]
	(3.9091)	(7.2167)	(−7.2167)	(3.4746)	(7.4391)	(−7.4391)
Return	0.0025	0.0338	−0.0338	0.0006	0.0958[***]	−0.0958[***]
	(1.0820)	(1.1894)	(−1.1894)	(0.2376)	(3.2674)	(−3.2674)
Grow	−0.0183[***]	0.1685[***]	−0.1685[***]	−0.0217[***]	0.1022[***]	−0.1022[***]
	(−9.4718)	(7.0067)	(−7.0067)	(−10.7928)	(4.5255)	(−4.5255)
Lev	−0.0083	−0.0137	0.0137	−0.0007	−0.1116[*]	0.1116[*]
	(−1.6401)	(−0.2183)	(0.2183)	(−0.1176)	(−1.7534)	(1.7534)
Cash	−0.0179[*]	−0.2270[*]	0.2270[*]	−0.0012	−0.4562[***]	0.4562[***]
	(−1.9027)	(−1.9465)	(1.9465)	(−0.1103)	(−3.8266)	(3.8266)
Age	0.0065[***]	0.0918[***]	−0.0918[***]	−0.0004	0.0551[**]	−0.0551[**]
	(2.8606)	(3.2559)	(−3.2559)	(−0.1811)	(2.0950)	(−2.0950)
Board	0.0049	−0.0237	0.0237	−0.0024	0.1041[*]	−0.1041[*]
	(1.1060)	(−0.4269)	(0.4269)	(−0.4788)	(1.8691)	(−1.8691)
cons	−0.1224[***]	−1.2733[***]	2.2733[***]	−0.0981[***]	−1.5187[***]	2.5187[***]
	(−6.2280)	(−5.2121)	(9.3055)	(−4.7008)	(−6.4807)	(10.7478)
Industry	控制	控制	控制	控制	控制	控制
Year	控制	控制	控制	控制	控制	控制
F	1 720	1 720	1 720	1 890	1 890	1 890
R^2	0.1089	0.1251	0.1251	0.1129	0.0877	0.0877
R^2_a	0.0926	0.1091	0.1091	0.0976	0.0720	0.0720
F	6.6564	7.7877	7.7877	7.3871	5.5774	5.5774

注：括号内为t值；[*]表示$p<0.1$，[**]表示$p<0.05$，[***]表示$p<0.01$。结果（1）和（4）、（2）和（5）、（3）和（6）中控制权对等性与企业投资效率回归系数差异suest检验结果分别为：P=0.4125，P=0.8101，P=0.8101。

资料来源：由作者运用STATA14.0计算所得。

另外，在高股权制衡组，控制权对等性与国有企业过度投资水平在10%的水平上显著正相关，假设5.1.2e得到验证。

综上所述，通过稳健性检验可以看出，在考虑可能存在的内生性问题后，实证结果的显著性水平虽然与之前稍有不同，但研究结果依然成立，因此，本节股权制衡作为调节变量的研究结果具有稳健性。

5.3 本章小结

本章选取2013—2017年我国国有上市公司经验数据，重点考察了存在股权制衡差异时参与混合所有制改革国有企业控制权对等性对企业投资效率、过度投资与投资不足的影响效果。研究结果表明，对于国有企业来说，无论在混合所有制改革前后，对股权制衡的调整应适度，考虑国有资本与民营资本的最佳融合比例，不可因盲目追求多元化而造成国有企业原有效率的损失。混合所有制改革应为国有企业与民营企业带来双赢的局面，在促进国有资本优化配置的同时，实现各种所有制经济的相互促进与共同发展。

第6章 控制权制衡性对混合所有制改革国有企业投资效率的影响研究

本书第5章研究了控制权对等性对混合所有制国有企业投资效率以及非效率投资的影响,并考察了当股权制衡水平存在差异时,控制权对等性(即第一大股东董事占比与股权占比比例)与混合所有制改革国有企业投资效率的关系。依据第3章对我国混合所有制改革的理论分析以及对混合所有制改革背景下企业控制权配置特征的分析与界定,混合所有制企业控制权配置具有对等性、制衡性、集中性与独立性四种特征。本章将在此基础上重点考察混合所有制改革国有企业控制权制衡性的含义与测度,以及其对企业投资效率、过度投资与投资不足的影响,并进一步分析股权集中度差异对控制权制衡性与投资效率相互关系所产生的影响。

6.1 理论分析与研究假设

6.1.1 控制权制衡性与混合所有制改革国有企业投资效率

多个大股东代理董事共享企业控制权，对企业各项经营活动做出决策，以达到相互制约的平衡状态，就形成了控制权特征中的控制权制衡。在混合所有制改革之前，国有企业"一股独大"，由于国有产权的不清晰和国有企业激励约束机制的欠缺，存在严重的"所有者缺失"问题，国有资本缺乏对企业的有效监督，使得国有企业治理效率低下，国有资产保值增值难以实现。中共十八届三中全会提出"积极发展混合所有制经济"，不仅将非国有资本的活力与国有资本的实力相融合，更形成了多类型股东相互制衡的混合所有制企业股权结构与控制权结构。

一般而言，多方利益共同体相互制衡有利于提升企业包括投资决策在内的决策有效性。从监督角度来看，黄建欢等（2015）认为，控制权制衡可以有效提高各大股东的相互监督水平，降低第二类代理问题，预防大股东通过对董事会的绝对控制产生的"掏空行为"。同时，各股东所派驻的董事在董事会中享有各自的话语权与表决权，原有"一股独大"模式下国有资本代理人获取不正当利益的成本与风险加大。从激励角度来看，各股东派驻董事虽代表不同股东，却共同享有公司利益，以公司利益最大化为目标，共同分享经营成果，包括投资效率在内的企业治理效率得以有效提升。

然而，混合所有制企业控制权制衡是一把"双刃剑"，一方面，由于多方利益群体共同享有企业控制权，当进行投资决策时，各股东派驻董事由于代表的利益群体不同，会产生较为严重的"意见分歧"，因而难以达成统一意见，造成混合所有制企业投资不足。另一方面，由于各方自身利益需求或关系网的差异，企业投资机会增多。此时，为了维持相对平衡的董事关系，混合所有制企业将实施更多投资项目，造成企业过度投资。

因此，基于前文分析，提出以下假设：

6.1.1a：当控制权制衡性越高时，国有企业投资效率越高。

6.1.1b：当控制权制衡性越高时，国有企业过度投资水平越高；当控制权制衡性越低时，国有企业过度投资水平越低。

6.1.1c：当控制权制衡性越高时，国有企业投资不足水平越高；当控制权制衡性越低时，国有企业投资不足水平越低。

6.1.2 控制权制衡性、股权结构与混合所有制改革国有企业投资效率

历经40年的改革与发展，国有企业在国民经济中的占比虽有所下降，但其结构与战略性地位依然很高。因此，把握国有企业基础性作用，发展壮大国有经济，是推动我国经济高质量发展的重要要求。根据本书第3章理论分析可知，国有企业混合所有制改革将国有企业产权多元化，扩大了国有资本的控制幅度与能力（宋志平，2014），这就说明，混合所有制改革的本质不仅是对国有企业股权结构的改革，更是对国有企业控制权配置结构的改革。此时，将非国有资本引入国有企业，更多的非国有董事进驻改革后的混合所有制企业董事会，对国有董事形成制衡的同时为企业带来新的市场化活力，促进国有资本的进一步保值增值。针对以上问题，本节旨在考察股权结构对控制权制衡性与混合所有制改革国有企业投资效率关系的调节作用，为了使研究结果具有多样性，并减少概念的混淆，本节采用股权集中度来衡量企业股权结构。国资委、财政部、发展改革委印发的《关于国有企业功能界定与分类的指导意见》进一步指出，国有企业混合所有制改革将按照国有企业功能界定进行分类推进，对国有企业进行新的战略定位，在深化重点领域混合所有制改革试点的同时加大主业处于充分竞争行业和领域的商业类国有企业混合所有制改革力度。对于主业处于充分竞争行业和领域的商业类国有企业，由于混合所有制改革力度较大，原有国有资本"一股独大"的状况得到显著改善，各类非国有资本注入企业。此时，非国有董事进入混合所有制企业，随着非国有董事的增多，混合所有制国有企业控制权结构发生变化，控制权制衡性不断提高，由于非国有董事带来的市场化经验与先进的经营理念，此类商业型国有企业公司治理效率以及投资

决策效率得以显著提升。进一步地，随着控制权制衡性的提高，董事会在进行项目投资决策时更为谨慎，混合所有制企业过度投资的现象有所减少；相反，也由于不同董事间的"意见分歧"，使得董事会难以达成统一决策，从而造成混合所有制企业的投资不足。因此，可以提出以下假设：

6.1.2a：当混合所有制改革企业股权集中度较低时，控制权制衡性越高，企业投资效率越高。

6.1.2b：当混合所有制改革企业股权集中度较低时，控制权制衡性越高，企业过度投资水平越低。

6.1.2c：当混合所有制改革企业股权集中度较低时，控制权制衡性越高，企业投资不足水平越高。

另一方面，对于重点领域的国有企业，混合所有制改革在引入异质性股东的同时，更注重国有资本对企业的控制力，因此，此类国有企业在混合所有制改革后，依然保持较高的股权集中度，国有资本占比较高。此时，随着非国有股东对企业派驻董事的增加，控制权制衡性增加，但由于国有资本对企业的绝对控制，非国有董事可能会沦为形式上的"花瓶"，这就使得该类混合所有制企业投资效率随着控制权制衡性的增加而降低。同时，由于缺乏实质上的权力制衡，国有董事在企业投资决策上依然享有首要地位，通过企业过度投资牟取控制权私利的可能性依旧很高，而且为了平衡与非国有董事的关系，国有董事会在一定程度上"默许"非国有董事的决策建议，从而进一步恶化企业过度投资行为。相应地，企业投资不足水平有所降低。因此，可以提出以下假设：

6.1.2d：当混合所有制改革企业股权集中度较高时，控制权制衡性越高，企业投资效率越低。

6.1.2e：当混合所有制改革企业股权集中度较低时，控制权制衡性越高，企业过度投资水平越高。

6.1.2f：当混合所有制改革企业股权集中度较高时，控制权制衡性越高，企业投资不足水平越低。

6.2　研究设计与实证检验

6.2.1　样本选择与数据来源

本部分选取上市国有企业2013—2017年的财务与公司治理相关经验数据，选择其中具有非公有制资本参股的企业，研究控制权制衡性对国有企业投资效率以及非效率投资的影响。其中，控制权制衡性指标采取上市国有企业第二至第十大股东董事数与第一大股东董事数比例衡量。之后，根据第一大股东持股比例的中位数进行分组，将样本分为低股权集中度组与高股权集中度组，研究在股权集中度存在差异时，控制权制衡性对国有企业投资效率以及非效率投资的影响。董事数据来源于国泰安（CSMAR）数据库人物研究子库董监高个人特征数据，董事所属股东根据董事简历与东方财富网公布的上市公司股东信息手工搜集整理。其他财务及股权结构相关数据主要来自国泰安数据库。

6.2.2　变量定义与测度

（1）企业投资效率的测度。

同第5章对于"企业投资效率"、"过度投资"与"投资不足"的测度，采用Richardson（2006）所构建的残差度量模型。

（2）控制权制衡性的测度。

"制衡"一词最早出现于《管子·轻重戊》，意为通过对新规则的创造，以达到有利于自己的新平衡。"制衡"中"制"代表制约，"衡"代表平衡，现多指两方或多方势力所形成的一种相互制约且相对平衡的状态。公司治理的本质是以股东为核心的企业内部权力安排，我国《公司法》所确立的"三权分立"式现代公司治理结构，即股东大会、董事会与经理层，明确体现了企业内部权力的相互制衡。

中共十八大报告指出，要毫不动摇巩固和发展公有制经济，推行公有制多种实现形式，深化国有企业改革，完善各类国有资产管理体制，推动国有资本更多投向关系国家安全和国民经济命脉的重要行业和关键领域，不断增强国有经济活力、控制力、影响力。由于我国国有企业面临的"一股独大"问题，缺乏应有的制衡机制，治理效率低下，随着混合所有制改革的推进，引入异质性股东，为国有企业带来了新的机遇与挑战。由前文理论分析可知，在企业中，谁占有更多的董事会席位，谁就拥有了企业更多的控制权，各股东通过派驻不同数量的董事，获得相应的话语权。通过混合所有制改革，国有企业由原来的控制权绝对集中转变为控制权相互制衡的状态，防止由于"一股独大"造成的国有企业"一言堂"局面，从而有助于提高国有企业的治理效率。

因此，控制权制衡性作为企业控制权配置的核心特征，从根本上反映企业内部权力分配情况，是完善公司治理结构的重要命题之一。

①采用第二至第十大股东董事数与第一大股东董事数比例进行测度。

根据本书第2章对已有文献的梳理可知，鲜有研究涉及控制权制衡相关内容，但学者们针对股权制衡的研究已较为充分。刘亚伟和张兆国（2016）、张良等（2010）均认为，第二至第十大股东持股总比例与第一大股东持股比例的比值可用于衡量上市公司股权制衡程度。同时，依据本书第5章对控制权对等性的理论分析，为了更大程度地获取企业内部话语权与控制权，各大股东将派驻董事进驻上市公司董事会，其中代表第一大股东意愿的董事应包含第一大股东派驻的外部董事与上市公司内部董事。本章将借鉴上述股权制衡测度方法与第5章控制权对等性的测度方法，采用第二至第十大股东董事数与第一大股东董事数比例衡量控制权的制衡性，反映其他股东对第一大股东控制权的制衡程度。该数据来源于国泰安（CSMAR）数据库人物研究子库董监高个人特征数据，并根据董监高个人简历与上市公司股东情况进行手工筛选与整理。

②采用上市公司独立董事比例进行测度。

中国证监会于2001年颁布的《关于在上市公司建立独立董事制度的指导意见》明确指出，上市公司应当建立独立董事制度。独立董事制度是指在董事会中设置非股东派驻、不担任除董事以外其他职务的董事，以形成对企业内部有效的权力制衡与监督。因此，由于独立董事与受雇上市公司及其股东不存在妨碍其独立判断的关联关系，可独立于企业各利益群体做出有利于企业发展的决策，有效减少上市公司"内部人控制"，缓解代理人问题，提高决策有用性与有效性，从而提高公司治理效率。

然而，受制于我国国有企业高度集中的股权结构与我国社会独特的"人情化"特点，独立董事往往存在"随大流"的思想，使得独立董事职能发挥受到严重限制。同时，《公司法》规定，在上市公司董事会成员中应当至少包括1/3的独立董事，大部分上市公司流于形式，仅在数量上达到《公司法》要求，并未真正给予独立董事法律规定的权力。

鉴于此，本章选取第二至第十大股东董事数与第一大股东董事数比例作为控制权制衡性的衡量指标。为了减少极端情况对结果的影响，剔除第一大股东董事数为0和控制权制衡性大于1的样本，进行理论分析并采用实证方法检验控制权制衡性对国有企业投资效率、过度投资与投资不足的影响。

（3）控制变量的选取。

在本书第5章实证检验对控制变量的选取与设定的基础上增加独立董事人数作为本部分控制变量。

（4）股权集中度的测度。

本节采用股权集中度衡量企业股权结构，学者们针对股权集中度的测度方法有许多种，具体包括：

第一，采用第一至第十大股东持股比例的各种计算组合综合判断。例如，袁玲和杨兴全（2008）采用上市公司第一大股东持股比例对股权集中度进行衡量，第一大股东持股比例越高，股权集中度越高；反之，则说明上市公司股权集中度越低。窦炜等（2011）采用上市公司第一大股东持股比例与第二到第十大股东持股比例之和的比例用以度量股权集中度，比值越大表示股权集中度越高；反之，则说明股权集中度越低。袁奋强等（2018）则运用大股东控制来衡量上市公司股权集中度，其中，当第一大股东持股比例大于50%时，取值为2；当第一大股东持股比例小于50%时，用其持股比例减去第二至第五大股东持股比例大于0时取值为1；其余情况取值为0。

第二，采用前几大股东持股比例的赫芬达尔指数用以评估上市公司股权集中度。例如，简建辉和黄平（2010）采用上市公司前五大股东持股比例的赫芬达尔系数衡量股权集中度，指数越接近0，说明前五大股东持股比例差距越小，企业股权集中度越高。

综合考虑以上各种方法，本部分内容借鉴袁玲与杨兴全（2009）的做法，采用国有上市公司第一大股东持股比例衡量企业股权集中度，并依据第一大股东持股比例是否达到50%为界限，衡量股权集中度的高低。当第一大股东持股比例大于等于50%时，将样本国有上市公司设定为高股权集中度组；当第一大股东持股比例小于50%时，将国有上市公司设定为低股权集中度组。

6.2.3 模型设计

根据本章节研究目的，检验控制权对等性对国有企业投资效率的影响，构建模型（6-1）（6-2）（6-3）进行实证分析：

$$
\begin{aligned}
Inv_{i,t} = \alpha_0 &+ \alpha_1 zhRate_{i,t} + \alpha_2 Size_{i,t} + \alpha_3 Return_{i,t} + \alpha_4 Grow_{i,t} + \alpha_5 Lev_{i,t} + \\
&\alpha_6 Cash_{i,t} + \alpha_7 Age_{i,t} + \alpha_8 Board_{i,t} + \alpha_9 DD_{i,t} + \sum Ind + \sum Year + \varepsilon_{i,t}
\end{aligned} \quad (6-1)
$$

$$
\begin{aligned}
Overinv_{i,t} = \beta_0 &+ \beta_1 zhRate_{i,t} + \beta_2 Size_{i,t} + \beta_3 Return_{i,t} + \beta_4 Grow_{i,t} + \beta_5 Lev_{i,t} + \\
&\beta_6 Cash_{i,t} + \beta_7 Age_{i,t} + \beta_8 Board_{i,t} + \beta_9 DD_{i,t} + \sum Ind + \sum Year + \varepsilon_{i,t}
\end{aligned} \quad (6-2)
$$

$$
\begin{aligned}
Underinv_{i,t} = \gamma_0 &+ \gamma_1 zhRate_{i,t} + \gamma_2 Size_{i,t} + \gamma_3 Return_{i,t} + \gamma_4 Grow_{i,t} + \gamma_5 Lev_{i,t} + \\
&\gamma_6 Cash_{i,t} + \gamma_7 Age_{i,t} + \gamma_8 Board_{i,t} + \gamma_9 DD_{i,t} + \sum Ind + \sum Year + \varepsilon_{i,t}
\end{aligned} \quad (6-3)
$$

其中，zhRate为解释变量，表示控制权制衡性，即第二至第十大股东董事数与第一大股东董事数的比值；DD表示独立董事人数；模型中涉及的其余各变量定义与第5章一致。模型（6-1）用于检验假设6.1.1a，模型（6-2）用于检验假设6.1.1b，模型（6-3）用于检验假设6.1.1c。

之后，在上述基础回归基础上考虑股权集中度对控制权制衡性与国有企业投资效率关系的调节作用。被解释变量为国有企业投资效率（Inv），采用Richardson（2006）残差度量模型计算所得，并按照过度投资与投资不足进行分组检验；解释变量为控制权制衡性（zhRate），由第二至第十大股东董事数与第一大股东董事数比例测度所得，具体模型如下：

$$Inv_{i,t} = \delta_0 + \delta_1 zhRate_{i,t} + \delta_2 Size_{i,t} + \delta_3 Return_{i,t} + \delta_4 Grow_{i,t} + \delta_5 Lev_{i,t} +$$
$$\delta_6 Cash_{i,t} + \delta_7 Age_{i,t} + \delta_8 Board_{i,t} + \delta_9 DD_{i,t} + \sum Ind + \sum Year + \varepsilon_{i,t} \quad (6\text{-}4)$$

$$Overinv_{i,t} = \theta_0 + \theta_1 zhRate_{i,t} + \theta_2 Size_{i,t} + \theta_3 Return_{i,t} + \theta_4 Grow_{i,t} + \theta_5 Lev_{i,t} +$$
$$\theta_6 Cash_{i,t} + \theta_7 Age_{i,t} + \theta_8 Board_{i,t} + \theta_9 DD_{i,t} + \sum Ind + \sum Year + \varepsilon_{i,t} \quad (6\text{-}5)$$

$$Underinv_{i,t} = \sigma_0 + \sigma_1 zhRate_{i,t} + \sigma_2 Size_{i,t} + \sigma_3 Return_{i,t} + \sigma_4 Grow_{i,t} + \sigma_5 Lev_{i,t} +$$
$$\sigma_6 Cash_{i,t} + \sigma_7 Age_{i,t} + \sigma_8 Board_{i,t} + \sigma_9 DD_{i,t} + \sum Ind + \sum Year + \varepsilon_{i,t} \quad (6\text{-}6)$$

以上模型用于检验假设6.1.2a至6.1.2f。

6.2.4 实证检验

（1）描述性统计。

本部分对主要变量进行了描述性统计，结果见表6-1。由结果可以看出，上市国有企业控制权制衡性最大值为1，最小值为0，均值为0.2109。说明我国上市混合所有制国有企业第二至第十大股东董事数与第一大股东董事数的比例差异较大，且从整体来看，第一大股东受到的制衡水平相对较低，这种情况与实际相符，在我国国有企业中，第一大股东即国有股东控制权水平较高，受到的其他股东控制权制衡的水平较低。企业投资效率最大值为-0.0005，最小值为-0.2369，说明我国混合所有制国有企业投资效率较低，均存在一定程度的非效率投资。其他变量描述性统计结果与第5章分析一致。其他表示财务特征与公司治理特征的控制变量也对混合所有制国有企业投资效率与非效率投资产生一定影响。

此外，表6-2对第二至第十大股东董事数与第一大股东董事数的比例，及控制权制衡性（zhRate）进行了分年度描述性统计，从2013年到2017年的变化可以看出，第二至第十大股东董事对第一大股东董事的控制权制衡水平基本维持在0.2000左右，在2014年达到顶峰，随后呈逐年下降趋势，这说明虽然混合所有制改革在稳步推进中，但是第一大股东的控制权的主导地位依然处于较高水平。

（2）变量相关性分析。

表6-3展示了控制权制衡性与参与混合所有制改革国有企业投资效

表6-1 控制权制衡性描述性统计结果

Variable	N	mean	sd	p25	p50	p75	min	max
Inv	4 300	-0.0361	0.0392	-0.0437	-0.0251	-0.0126	-0.2369	-0.0005
Overinv	4 300	0.3317	0.4709	0.0000	0.0000	1.0000	0.0000	1.0000
Underinv	4 300	0.6683	0.4709	0.0000	1.0000	1.0000	0.0000	1.0000
zhRate	4 300	0.2109	0.2803	0.0000	0.1181	0.3333	0.0000	1.0000
Size	4 300	22.7809	1.3839	21.8117	22.5960	23.6342	20.0331	26.9987
Return	4 300	0.1880	0.4520	-0.1489	0.0952	0.4234	-0.4781	1.8804
Grow	4 300	0.1213	0.4236	-0.0638	0.0534	0.1856	-0.5223	2.7912
Lev	4 300	0.5193	0.2057	0.3623	0.5237	0.6760	0.0957	0.9780
Cash	4 300	0.1405	0.1061	0.0639	0.1121	0.1866	0.0089	0.5174
Age	4 300	2.6762	0.4558	2.4849	2.8332	2.9957	1.0986	3.2189
Board	4 300	2.1994	0.1954	2.0794	2.1972	2.3026	1.6094	2.7081
DD	4 300	3.3621	0.6497	3.0000	3.0000	4.0000	2.0000	5.0000

资料来源：由作者运用STATA14.0计算所得。

表6-2 控制权制衡性分年度描述性统计

Variable	Year	Obs	Mean	Std	Min	Max
控制权制衡性（zhRate）	2013	916	0.2009	0.2760	0	1
	2014	899	0.2327	0.2881	0	1
	2015	892	0.2164	0.2761	0	1
	2016	926	0.2118	0.2702	0	1
	2017	639	0.1854	0.2931	0	1

资料来源：由作者运用STATA14.0计算所得。

率及非效率投资水平的相关系数。其中，控制权制衡性，即第二至第十大股东董事数与第一大股东董事数比例与混合所有制改革国有企业投资效率的相关系数为-0.0120，初步看出控制权制衡性越高可能导致国有企业投资效率越低。第二至第十大股东董事数与第一大股东董事数比例与国有企业过度投资水平的相关系数为0.0200，同时与投资不足水平的相关系数为-0.0200，也初步显示了控制权制衡性与混合所有制国有企业非效率投资的关系，但并没有通过显著性检验。因此，根据以上相关性分析可知，控制权制衡性对混合所有制改革国有企业投资效率以及非效率投资水平的影响有待进一步实证检验。

表6-3　　控制权制衡性主要变量相关性分析

项目	Inv	OverInv	UnderInv	zhRate	Size	Return	Grow	Lev	Cash	Age	Board	DD
Inv	1											
OverInv	-0.174***	1										
UnderInv	0.174***	-1	1									
zhRate	-0.0120	0.0200	-0.0200	1								
Size	0.109***	0.173***	-0.173***	-0.075***	1							
Return	-0.0120	0.027*	-0.027*	0.047*	-0.077***	1						
Grow	-0.164***	0.136***	-0.136***	0.0100	0.046***	0.0230	1					
Lev	0.074***	0.067***	-0.067***	-0.039*	0.379***	0.0010	0.029*	1				
Cash	-0.035**	-0.085***	0.085***	0.048**	-0.151***	0.026*	0.046***	-0.346***	1			
Age	0.057***	0.0240	-0.0240	-0.082***	-0.0050	-0.061***	0.0110	0.122***	-0.057***	1		
Board	0.0020	0.072***	-0.072***	0.079***	0.184***	-0.0240	-0.0150	0.030*	-0.082***	-0.066***	1	
DD	0.0170	0.071*	-0.071*	0.0110	0.301***	-0.031***	-0.0200	0.077***	-0.055***	-0.090***	0.741***	1

注：*表示 $p<0.1$，**表示 $p<0.05$，***表示 $p<0.01$。

资料来源：由作者运用STATA14.0计算所得。

此外，企业规模，年度回报率，成长性以及资产负债率等财务指标、董事会规模，成立年限，以及独立董事等等公司治理指标与国有企业投资效率也具有一定关系，具体内容在此不做赘述。

（3）实证结果分析。

表6-4报告了混合所有制改革国有企业第二至第十大股东董事数与第一大股东董事数比例（控制权制衡性）与企业投资效率、过度投资及投资不足的回归结果。

回归（2）是在回归（1）的基础上加入控制变量，由结果可以看出，第二至第十大股东董事数与第一大股东董事数比例与国有企业投资效率的回归系数为0.0008，未通过显著性检验，假设6.1.1a未得到验证。这可能是因为，控制权制衡水平对混合所有制企业投资效率的影响存在正反两方面，随着第二至第十大股东董事数与第一大股东董事数比例的提高，控制权制衡性提高，大股东"掏空行为"减少，同时，非国有资本的加入可以提高国有企业运营效率，投资效率应有所提升；另一方面，控制权制衡性的提高会使得董事会内部意见分歧加大，投资决策效率相应下降。因此，两者关系并未得到明确验证。

回归（4）是在回归（3）的基础上加入控制变量，由结果可以看出，第二至第十大股东董事数与第一大股东董事数的比例与国有企业过度投资的回归系数为0.0662，并在1%的水平上显著，这证明了随着控制权制衡性的提高，国有企业过度投资情况有所恶化，假设6.1.1b得到验证。这也进一步说明了混合所有制改革为国有企业带来的多元化股权结构，加强了国有企业控制权制衡程度，但制衡性是一把"双刃剑"，程度过高时有效性会有所降低，且极有可能由于各方利益群体的"勾结"加重混合所有制国有企业的过度投资水平。

回归（6）是在回归（5）的基础上加入控制变量，结果显示，第二至第十大股东董事数与第一大股东董事数的比例与国有企业投资不足的回归系数为-0.0662，并在1%的水平上显著，这说明当控制权制衡性越高时，国有企业投资不足水平越低，假设6.1.1c未得到验证。这可能是由于混合所有制企业内部因股权结构异质化带来的控制权制衡发挥失灵，而并没有起到对企业投资决策等的有效激励与监督。

此外，模型中各控制变量回归结果也见表6-4。

表6-4 控制权制衡性基础回归

项目	(1)	(2)	(3)	(4)	(5)	(6)
	投资效率（Inv）		过度投资（OverInv）		投资不足（UnderInv）	
zhRate	−0.0011	0.0008	0.0385	0.0662***	−0.0385	−0.0662***
	(−0.5262)	(0.3943)	(1.4940)	(2.6135)	(−1.4940)	(−2.6135)
Size		0.0029***		0.0679***		−0.0679***
		(5.6617)		(11.0311)		(−11.0311)
Return		0.0013		0.0591***		−0.0591***
		(0.8119)		(3.1646)		(−3.1646)
Grow		−0.0164***		0.1479***		−0.1479***
		(−11.7461)		(8.8458)		(−8.8458)
Lev		−0.0034		−0.1049**		0.1049**
		(−0.9815)		(−2.5138)		(2.5138)
Cash		−0.0060		−0.3443***		0.3443***
		(−0.9521)		(−4.5226)		(4.5226)
Age		0.0039***		0.0552***		−0.0552***
		(2.8905)		(3.4146)		(−3.4146)
Board		−0.0007		0.1205**		−0.1205**
		(−0.1464)		(2.2095)		(−2.2095)
DD		−0.0001		−0.0171		0.0171
		(−0.1065)		(−1.0179)		(1.0179)
cons	−0.0442***	−0.1112***	0.3611***	−1.3444***	0.6389***	2.3444***
	(−9.4711)	(−8.1494)	(6.3883)	(−8.2137)	(11.3054)	(14.3233)
Industry	控制	控制	控制	控制	控制	控制
Year	控制	控制	控制	控制	控制	控制
N	4 272	4 272	4 272	4 272	4 272	4 272
R^2	0.0440	0.0828	0.0266	0.0864	0.0266	0.0864
R^2_a	0.0382	0.0755	0.0206	0.0791	0.0206	0.0791
F	7.5218	11.2556	4.4595	11.7916	4.4595	11.7916

注：*表示$p<0.1$，**表示$p<0.05$，***表示$p<0.01$；括号内为t值。

资料来源：由作者运用STATA14.0计算所得。

随后，考虑当股权集中程度不同时国有上市公司控制权制衡性与其投资效率以及非效率投资的关系。表6-5将国有上市公司股权集中程度按中位数进行分组，分别检验在低股权集中度组与高股权集中度组中两者的关系。

表6-5　　　　考虑股权集中度的控制权制衡性回归结果

项目	(1) Inv	(2) OverInv	(3) UnderInv	(4) Inv	(5) OverInv	(6) UnderInv
	低股权集中度组			高股权集中度组		
zhRate	0.0007 (0.4346)	−0.0075 (−0.4160)	0.0075 (0.4160)	−0.0009 (−0.4197)	0.0591** (2.4449)	−0.0591** (−2.4449)
	chi2 (1) =0.03, Prob>chi2=0.8699					
			chi2 (1) =0.17, Prob>chi2=0.6798			
				chi2 (1) =0.17, Prob>chi2=0.6798		
Size	0.0033*** (4.0555)	0.0990*** (10.6846)	−0.0990*** (−10.6846)	0.0028*** (4.0288)	0.0543*** (6.5482)	−0.0543*** (−6.5482)
Return	0.0002 (0.1044)	0.0651** (2.4186)	−0.0651** (−2.4186)	0.0010 (0.4693)	0.0572** (2.2852)	−0.0572** (−2.2852)
Grow	−0.0135*** (−7.3065)	0.1231*** (5.8067)	−0.1231*** (−5.8067)	−0.0189*** (−9.8845)	0.1436*** (6.3130)	−0.1436*** (−6.3130)
Lev	−0.0049 (−1.0125)	−0.1708*** (−3.0480)	0.1708*** (3.0480)	−0.0047 (−0.9356)	−0.0054 (−0.0889)	0.0054 (0.0889)
Cash	−0.0224** (−2.2923)	−0.3803*** (−3.3821)	0.3803*** (3.3821)	−0.0022 (−0.2592)	−0.1887* (−1.8446)	0.1887* (1.8446)
Age	0.0043** (2.0832)	−0.0006 (−0.0249)	0.0006 (0.0249)	0.0032* (1.7850)	0.0702*** (3.2560)	−0.0702*** (−3.2560)
Board	−0.0055 (−0.7760)	0.0521 (0.6339)	−0.0521 (−0.6339)	0.0076 (1.2752)	0.0840 (1.1813)	−0.0840 (−1.1813)
DD	0.0003 (0.1611)	−0.0016 (−0.0652)	0.0016 (0.0652)	−0.0014 (−0.7380)	−0.0131 (−0.5962)	0.0131 (0.5962)
cons	−0.1103*** (−5.3671)	−1.7765*** (−7.5184)	2.7765*** (11.7507)	−0.1179*** (−6.2376)	−1.0173*** (−4.5248)	2.0173*** (8.9728)
Industry	控制	控制	控制	控制	控制	控制
Year	控制	控制	控制	控制	控制	控制
N	2 239	2 239	2 239	2 236	2 236	2 236
R²	0.0827	0.0967	0.0967	0.1096	0.1048	0.1048
R²_a	0.0690	0.0832	0.0832	0.0958	0.0910	0.0910
F	6.0279	7.1512	7.1512	7.9665	7.5785	7.5785

注：括号内为t值；*表示p<0.1，**表示p<0.05，***表示p<0.01。结果（1）和（4）、（2）和（5）、（3）和（6）中控制权制衡性与企业投资回归系数差异suest检验结果分别为：P=0.8699、P=0.6798、P=0.6798。

资料来源：作者运用STATA14.0计算所得。

回归（1）、回归（2）与回归（3）分别显示了在低股权集中度组，国有上市公司控制权制衡性对企业投资效率、过度投资以及投资不足的影响效果。结果显示，控制权制衡性与国有企业投资效率的回归系数为0.0007，两者虽呈正相关关系，但并不显著。由此可见，在低股权集中度组，随着国有企业控制权对等性水平的降低，企业投资效率并无显著提高，假设6.1.2a未得到验证。这可能是因为我国国有企业混合所有制改革还处于政策执行阶段，股权重构带来的控制权配置作用并未得到显著体现。伴随着改革的进一步推进，情况应有所好转。其次，控制权制衡性与混合所有制企业过度投资的回归系数是-0.0075，未通过显著性检验，假设6.1.2b未得到验证，这说明董事会在进行投资决策时并没有因为相互制衡关系而更为谨慎，企业内部控制权制衡的有效性需进一步提升。最后，控制权制衡性与混合所有制企业投资不足的回归系数是0.0075，虽呈正相关关系，但仍未通过显著性检验，假设6.1.2c未得到验证。

回归（4）、（5）以及回归（6）则报告了在高股权集中度组，国有上市公司控制权制衡性与企业投资效率以及过度投资的关系。由结果可以看出，控制权制衡性与国有企业投资效率的回归系数为-0.0009，未通过显著性检验，假设6.1.2d未得到验证。这可能是因为在高股权集中度的混合所有制国有企业中，虽然不可避免地存在国有资本效率低下问题，但国有企业具备的政策优势使得企业能优于非国有企业获得优质的投资项目，投资效率有所提高。其次，当混合所有制企业股权集中度较高时，控制权制衡性与企业过度投资的回归系数是0.0591，并在5%的水平上显著，这说明对于处于重点领域的国有企业，股权集中度较高，在混合所有制改革过程中随着控制权制衡性的提高，企业过度投资水平有所恶化，假设6.1.2e得到验证。最后，在高股权集中度组，控制权制衡性与企业投资不足的回归系数是-0.0591，并在5%的水平上显著，这说明混合所有制企业投资不足水平随着控制权制衡性的提高而有所降低，假设6.1.2f得到验证。

另外，本节还对分组回归系数进行了似无相关估计检验（suest），在低股权集中度组与高股权集中度组中控制权制衡性对国有企业过度投资及投资效率的回归系数并无显著差异。

6.2.5　稳健性检验

从以往研究可知，变量的内生性问题在研究过程中是不可避免的。产生内生性的原因包括遗漏变量、测量误差，以及解释变量与被解释变量之间的双向交互（因果）影响等。为了解决内生性问题对研究结果造成的不利影响，学者们通常采用工具变量法（IV）、代理变量法（Proxy）、自然实验法、双重差分法（DID），以及 2SLS 等方法进行处理。

本章与前述章节类似，借鉴吴秋生和黄贤环（2017）的做法，运用 2SLS 方法对变量进行稳健性检验，将第二至第十大股东董事数与第一大股东董事数的比例（zhRate）滞后一期作为工具变量进行 2SLS 回归，用以缓解解释变量与被解释变量可能存在的内生性问题。由于上市公司第二至第十大股东董事数以及第一大股东董事数在不同年份会有所不同，本期控制权制衡性一般仅会对当期企业投资产生影响，因此，本部分采用第二至第十大股东董事数与第一大股东董事数的比例滞后一期作为 2SLS 内生性检验的工具变量，该工具变量与企业当期投资与随机扰动项均不相关。

表 6-6 报告了运用 2SLS 方法下滞后一期控制权制衡性与混合所有制企业投资以及非效率投资的回归结果。根据弱工具变量检验发现，最小特征值 F 统计量为 139.3278，大于经验值 10，因此不存在弱识别，证明文中选取的工具变量较为合适。

回归结果（2）显示了国有上市公司控制权制衡性与投资效率在 2SLS 方法下的相互关系，即第二至第十大股东董事数与第一大股东董事数比例与投资效率的回归系数仍旧不显著，可以看出，考虑内生性问题后国有企业控制权制衡性对企业投资效率仍无显著影响。

回归结果（4）显示，混合所有制改革国有上市公司控制权制衡性与企业过度投资水平系数为 0.0772，并在 1% 水平上显著，这进一步证明了在考虑可能存在的内生性问题情况下，随着控制权制衡性的提高，企业过度投资水平存在严重化趋势。

表6-6　　　　　　　　2SLS方法下的控制权制衡性回归结果

项目	（1）第一阶段	（2）第二阶段	（3）第一阶段	（4）第二阶段	（5）第一阶段	（6）第二阶段
	投资效率（Inv）		过度投资（OverInv）		投资不足（UnderInv）	
L.zhRate	0.7712*** (64.6894)		0.7712*** (64.6894)		0.7712*** (64.6894)	
zhRate		0.0012 (0.3786)		0.0772** (1.9762)		−0.0772** (−1.9762)
Size	−0.0009 (−0.3108)	0.0028*** (4.8540)	−0.0009 (−0.3108)	0.0690*** (9.8909)	−0.0009 (−0.3108)	−0.0690*** (−9.8909)
Return	0.0068 (0.7966)	0.0013 (0.7574)	0.0068 (0.7966)	0.0672*** (3.1326)	0.0068 (0.7966)	−0.0672*** (−3.1326)
Grow	0.0147** (1.9781)	−0.0174*** (−11.2134)	0.0147** (1.9781)	0.1453*** (7.7354)	0.0147** (1.9781)	−0.1453*** (−7.7354)
Lev	−0.0186 (−0.9906)	−0.0064 (−1.6337)	−0.0186 (−0.9906)	−0.0908* (−1.9154)	−0.0186 (−0.9906)	0.0908* (1.9154)
Cash	0.0135 (0.3965)	−0.0083 (−1.1735)	0.0135 (0.3965)	−0.4148*** (−4.8208)	0.0135 (0.3965)	0.4148*** (4.8208)
Age	−0.0131 (−1.6425)	0.0035** (2.1253)	−0.0131 (−1.6425)	0.0776*** (3.8379)	−0.0131 (−1.6425)	−0.0776*** (−3.8379)
Board	0.0325 (1.3474)	−0.0014 (−0.2748)	0.0325 (1.3474)	0.1097* (1.7988)	0.0325 (1.3474)	−0.1097* (−1.7988)
DD	−0.0061 (−0.8123)	−0.0001 (−0.0592)	−0.0061 (−0.8123)	−0.0181 (−0.9499)	−0.0061 (−0.8123)	0.0181 (0.9499)
cons	0.0548 (0.7330)	−0.1002*** (−6.4224)	0.0548 (0.7330)	−1.4943*** (−7.9118)	0.0548 (0.7330)	2.4943*** (13.2064)
Industry	控制	控制	控制	控制	控制	控制
Year	控制	控制	控制	控制	控制	控制
N	3 215	3 215	3 215	3 215	3 215	3 215
R^2	0.5911	0.0917	0.5911	0.0982	0.5911	0.0982
R^2_a	0.5868	0.0823	0.5868	0.0889	0.5868	0.0889
F	139.3278		139.3278		139.3278	

注：第一和第二阶段回归结果括号内分别为t值和Z值；L.为滞后算子；*表示$p<0.1$，**表示$p<0.05$，***表示$p<0.01$。

资料来源：由作者运用STATA14.0计算所得。

回归结果（6）显示，国有上市公司控制权制衡性与企业投资不足水平系数为-0.0772，并在5%的水平上显著。这也再一次证实了基础回归的可靠性，即使在考虑可能的内生性问题下，随着国有企业混合所有制改革的推进，第二至第十大股东董事数与第一大股东董事数比例越高，控制权制衡性越高，混合所有制企业投资不足水平得到一定程度的缓解。

综上所述，本章考虑可能存在的内生性问题，运用2SLS方法对本节变量进行重新回归，结果依然显示国有上市公司控制权制衡性与企业过度投资水平显著正相关、与企业投资不足水平显著负相关的结论，因此可以证明，本章基础回归检验结果具有稳健性。

之后，为了考察了股权集中度作为控制权制衡性与投资效率调节变量结果的稳健性，解决解释变量与被解释变量反向因果以及度量误差可能带来的内生性问题，消除其对实证结果可能产生的问题，本部分对解释变量第二至第十大股东董事数与第一大股东董事数比例进行滞后一期处理以缓解内生性问题。同本节基础回归一致，稳健性检验依然按照股权第一大股东持股比例中位数将样本分为低股权集中度组与高股权集中度组，其中，低股权集中度组涉及样本1 800个，高股权集中度组涉及样本1 786个。

表6-7报告了在考虑股权集中度的情况下，将解释变量第二至第十大股东董事数与第一大股东董事数比例滞后一期处理后，控制权制衡性与混合所有制国有企业投资效率与非效率投资的关系。结果显示，在低股权集中度组，控制权制衡性与国有企业投资效率的回归系数为0.0017，与企业过度投资的回归系数为-0.0181，与企业投资不足的回归系数是0.0181，均不显著，同样未验证假设6.1.2a、6.1.2b与6.1.2c。

在高股权集中度组，控制权制衡性与国有企业投资效率的回归系数为-0.0013，未通过显著性检验，假设6.1.2d依然未得到验证。然而，控制权制衡性与企业过度投资的回归系数是0.0460，并在10%的水平上显著，假设6.1.2e得到验证；控制权制衡性与企业投资不足的回归系数为-0.0460，并在10%的水平上显著，假设6.1.2f得到验证。

表6-7　　　　　　考虑股权集中度的控制权制衡性稳健性检验

项目	(1) Inv	(2) OverInv	(3) UnderInv	(4) Inv	(5) OverInv	(6) UnderInv
	低股权集中度组			高股权集中度组		
lzhRate	0.0017	−0.0181	0.0181	−0.0013	0.0460*	−0.0460*
	(0.9711)	(−0.9100)	(0.9100)	(−0.6261)	(1.8565)	(−1.8565)
	chi2 (1) =1.12, Prob>chi2=0.2896					
	chi2 (1) =4.07, Prob>chi2=0.0437					
	chi2 (1) =4.07, Prob>chi2=0.0437					
Size	0.0029***	0.0987***	−0.0987***	0.0028***	0.0553***	−0.0553***
	(3.3284)	(9.6825)	(−9.6825)	(3.6847)	(6.1027)	(−6.1027)
Return	0.0002	0.0563*	−0.0563*	0.0028	0.0833***	−0.0833***
	(0.0940)	(1.8447)	(−1.8447)	(1.1916)	(3.0200)	(−3.0200)
Grow	−0.0189***	0.1314***	−0.1314***	−0.0220***	0.1329***	−0.1329***
	(−9.2270)	(5.5485)	(−5.5485)	(−11.2949)	(5.7848)	(−5.7848)
Lev	−0.0073	−0.1408**	0.1408**	−0.0039	0.0211	−0.0211
	(−1.3463)	(−2.2610)	(2.2610)	(−0.6917)	(0.3218)	(−0.3218)
Cash	−0.0185*	−0.4877***	0.4877***	−0.0081	−0.1957*	0.1957*
	(−1.7036)	(−3.8742)	(3.8742)	(−0.8630)	(−1.7673)	(−1.7673)
Age	0.0032	0.0144	−0.0144	0.0032	0.0928***	−0.0928***
	(1.2786)	(0.4998)	(−0.4998)	(1.4278)	(3.5528)	(−3.5528)
Board	−0.0067	0.0484	−0.0484	0.0064	0.1081	−0.1081
	(−0.8732)	(0.5480)	(−0.5480)	(0.9808)	(1.4154)	(−1.4154)
DD	0.0019	−0.0165	0.0165	−0.0012	−0.0229	0.0229
	(0.7991)	(−0.6016)	(0.6016)	(−0.5743)	(−0.9412)	(−0.9412)
cons	−0.1021***	−1.7733***	2.7733***	−0.1142***	−1.3131***	2.3131***
	(−4.5022)	(−6.7635)	(10.5775)	(−5.3726)	(−5.2443)	(9.2383)
Industry	控制	控制	控制	控制	控制	控制
Year	控制	控制	控制	控制	控制	控制
N	1 800	1 800	1 800	1 786	1 786	1 786
R^2	0.1003	0.1081	0.1081	0.1271	0.1171	0.1171
R^2_a	0.0840	0.0919	0.0919	0.1106	0.1005	0.1005
F	6.1579	6.6922	6.6922	7.7275	7.0417	7.0417

注：括号内为 t 值；*表示 p<0.1，**表示 p<0.05，***表示 p<0.01。结果 (1) 和 (4)、(2) 和 (5)、(3) 和 (6) 中控制权制衡性与企业投资回归系数差异 suest 检验结果分别为：P=0.2896、P=0.0437、P=0.0437。

资料来源：由作者运用 STATA14.0 计算所得。

综上所述，通过稳健性检验可以看出，本章在考虑可能存在的内生性问题后，实证结果的回归系数与显著性水平虽然与之前存在差距，但研究结果依然成立，因此，本章以股权集中度为调节变量的回归结果具有稳健性。

6.3　本章小结

本章选取我国国有上市公司2013—2017年的财务与治理方面经验数据，实证检验了在混合所有制改革背景下，控制权制衡性与国有企业投资效率的关系，并进一步延伸至企业过度投资与投资不足水平。同时，考虑了由混合所有制改革带来了股权结构变化对两者关系的影响效果。结果表明，控制权制衡性与混合所有制改革国有企业过度投资显著正相关，这表明混合所有制改革在为国有企业带来市场活力与竞争力的同时，也存在一定的弊端，由于股权的不断多元化，企业控制权结构发生变化，各利益群体"管家意识"增强，虽然大股东"掏空行为"得到缓解，但多元控制权及股权结构带来更多的企业投资项目，企业过度投资行为将有加重趋势。另一方面，控制权制衡性与企业投资不足水平显著负相关，这也进一步说明随着混合所有制改革在各类企业中的实施，国有企业的投资行为相较之前向进取型方向发展，投资项目增多，投资不足水平得到有效缓解。在考虑可能存在的内生性问题后，本章采取2SLS方法，以及解释变量滞后一期等方法对研究模型进行了重新检验，依然得到了稳健的研究结论。

第7章 控制权集中性对混合所有制改革 国有企业投资效率的影响研究

7.1 理论分析与研究假设

7.1.1 控制权集中性与混合所有制改革国有企业投资效率

根据委托代理理论，随着股权的分散化，所有权与控制权分离度逐渐提高，企业实际控制人缺乏来自其他利益相关者的有效监督，会因此做出各种自利行为，包括"帝国建造"或"在职消费"等，产生"壕沟效应"与"掏空效应"等，从而引发企业非效率投资行为。伴随我国国有企业混合所有制改革的推进与发展，国有企业由原来的"一股独大"逐渐向多元化的股权与控制权结构转化，在多个控制权主体的利益共享情况下，由利益差异导致的非效率投资问题逐渐产生，而实际控制人对控制权私利的追求则加剧了企业非效率投资问题，因此，实际控制人控制权比例越高，企业控制权越集中于某一利益主体，特别是对国有企业来说，企业投资效率越低。

此外，当实际控制人控制权比例相对较低时，控制权分散度较高，多个控制权主体由于利益的不一致，在混合所有制国有企业中，掌握控制权较强的国有主体或其代理人更倾向于为了追求自身利益而侵害控制权较弱的民营主体方利益或整个企业的利益，此时过度投资带来的额外收益更能满足其私有需求与利益，企业过度投资水平相对较高；而随着实际控制人控制权比例的逐渐增加，控制权更多集中在某一个主体手中，此时，弱控制权方与强控制权方实力相差悬殊，因而两者在某种程度上来看"利益趋同"。此时，控制权较强的主体不需要利用过度投资机会来满足个人意愿，侵害其他控制主体的利益。另一方面，由信息不对称理论可知，在企业为投资行为进行融资决策时，控制权较弱的民营主体由于担心利益受到侵害，对融资定价的选择可能会为实际控制人或企业带来更高的融资成本，使得实际控制人承担的机会成本增大（窦炜等，2011）。因此，随着实际控制人控制权比例的提高，企业控制权集中性越高，他们会选择减少不必要的企业投资来避免此类成本，企业投资不足水平相对提高。

因此，基于前文理论分析，提出以下假设：

假设7.1.1a：控制权集中性越高，混合所有制改革国有企业投资效率越低。

假设7.1.1b：控制权集中性越高，混合所有制改革国有企业过度投资水平越低；控制权集中性越低，混合所有制改革国有企业过度投资水平越高。

假设7.1.1c：控制权集中性越高，混合所有制改革国有企业投资不足水平越高；控制权集中性越低，混合所有制改革国有企业投资不足水平越低。

7.1.2 控制权集中性、股权结构与混合所有制改革国有企业投资效率

国有企业混合所有制改革就是改变国有企业原有的股权结构与控制权结构，允许民间资本参与，使市场回归企业的中心指导地位，促进国

有资本的保值增值与做大做强，完善国有企业现代企业制度与治理结构。对于处于经济新常态背景下的我国上市企业来说，股权结构一般呈现出性质的不同、股权的集中程度（大股东控制程度）以及多个股东间对企业的制衡程度（吴红军和吴世农，2009；郭婧，2017；袁奋强等，2018），国有股东与民营股东相互制衡是影响混合所有制改革的重要组成部分，本节选取股权制衡作为股权结构的代理变量衡量股权结构对控制权集中性与混合所有制改革国有企业投资效率两者关系的调节效应。

委托代理理论认为，有效的股权制衡机制可以缓解大小股东间的代理问题，此时，企业的控制权由多个大股东共同持有，通过内部牵制与相互间的监督，从而达到对大股东权力的制约，实现共同决策、利益共享的目的。在我国，国有企业作为国家经济发展的主力军，其内部治理效率与治理结构成为学者们关注的重点与热点之一。一般而言，国有企业由于特殊的制度背景，股权制衡性较低，容易出现"一股独大"或"一言堂"的局面（郭婧，2017）。此时，由于国有股东的绝对控股，企业控制权集中程度较高，且随着控制权集中性的进一步提高可能产生利益侵占行为。同时，国有企业普遍存在对管理者的监管不力，造成投资决策行为的非效率。另一方面，对于参与混合所有制改革的国有企业来说，特别是处于重点领域的国有企业，虽然股权制衡水平较低，但随着混合所有制改革的推进，控制权集中度降低，异质性股东间的资源共享有助于降低信息不对称，提高投资决策效率。

因此，可提出以下假设：

7.1.2a：当国有企业股权制衡水平越低时，控制权集中性越高，企业投资效率越低；当国有企业股权制衡水平越高时，控制权集中性越低，企业投资效率越高。

另一方面，自中共十八届三中全会发布的《中共中央关于全面深化改革若干重大问题的决定》中提出"积极发展混合所有制经济"以来，国有企业混合所有制改革迅速升温，各类资本进一步参与国有企业混合所有制改革，越来越多的国有企业对其股权结构做出了调整，企业形成了有效制衡的法人治理结构。经过初步混合所有制改革后，国有企业股权结构较之前形成了一个较为高水平的股权制衡水平。此时，对于不同类型的国有企业，其控制权集中程度仍显现出一定的差距。控制权集中性越高的国有企业，企业在进行投资决策时仍旧存在控制权谋私行为，企业投资效率可能会呈现较低的水平。而且，由于委托代理问题的存在，国家是企业的实际控制人，其可能缺乏对管理者的有效监督，使管理者安于现状，因此在控制权集中性较高的国有企业，过度投资水平有所降低，而企业投资不足水平依旧维持在较高的水平。同时，由于混合所有制改革的进行，在股权制衡水平较高的国有企业，其控制权呈现分散化，此时，企业加入了更多的民营活力，投资不足水平有所降低。因此，可提出以下假设：

7.1.2b：当混合所有制改革国有企业股权制衡水平越高时，控制权集中性越高，企业投资效率越低；当混合所有制改革国有企业股权制衡水平越低时，控制权集中性越低，企业投资效率越高。

7.1.2c：当混合所有制改革国有企业股权制衡水平越高时，控制权集中性越高，过度投资水平越低；当混合所有制改革国有企业股权制衡水平越低时，控制权集中性越低，过度投资水平越高。

7.1.2d：当混合所有制改革国有企业股权制衡水平越高时，控制权集中性越高，投资不足水平越高；当混合所有制改革国有企业股权制衡水平越低时，控制权集中性越低，投资不足水平越低。

7.2 研究设计与实证检验

7.2.1 样本选择与数据来源

由于数据的可获得性以及研究需要，且考虑到我国国有企业混合所有制改革政策集中落地时间，本书根据2013—2017年我国上市国有企业的经验数据，选择其中具有非公有制资本参股的企业，研究控制权配置特征对国有企业投资效率的影响之后，检验股权制衡性对混合所有制改革国有企业控制权集中性与投资效率的调节作用。在数据处理中，借鉴刘汉民等（2018）将控制权定义为董事会多数席位的做法，从国泰安（CSMAR）数据库中根据董事会成员简历手工搜集属于第一大股东的董事信息，从而计算出代表第一大股东意愿的董事数来判定控制权对等性特征。其他控制权配置特征、企业投资与股权结构相关数据均来自国泰安（CSMAR）数据库并进行了相应处理。

为了保证数据的完整性与可靠性，本书剔除了财务数据有缺失、实际控制人信息无法识别或没有披露的上市公司，以及无董事简历的相关董事数据，考虑到异常值对数据的影响，进一步对主要连续变量进行上下1%分位的缩尾（Winsorize）处理，最终获得4 650个样本观测值。本书所有数据处理与实证分析均采用Excel与STATA14.0统计软件完成。

7.2.2 变量定义与测度

（1）企业投资效率的测度。

企业投资效率的测度同第4章对于企业投资效率的测度。

此外，本章将企业非效率投资分成过度投资与投资不足两组进行分析，当残差为正值时表示企业过度投资水平，当残差为负值时表示企业投资不足水平。

（2）控制权集中性的测度。

集中性是一种占比份额的表述方式，它表示一个或多个事物及客体在环境中的垄断程度。通常来讲，企业控制权集中于占有较多股份的股东手中，控制权集中性则是用来表示各个股东控制权份额的测量指标，它反映了各个股东在企业经营管理中的话语权与势力水平，也可以用来衡量股东控制权数量与规模的差异程度，同时还是决定企业控制权结构最基本、最重要的因素。

对于我国国有企业来说，在进行混合所有制改革之前，控制权高度集中在国家手中，而作为国有企业控制权集中性的直观表现，国家或其代理人对企业的经营管理起主导作用，即它们更有权力对企业资产或负债进行排他性处置，并对企业各项经营事项做出决策（周其仁，1997）。然而，混合所有制改革改变了企业原有的股权结构与控制权结构，与多元化股权类似，国有企业控制权较之前有所分散，即除国家之外的其他股东掌握了企业的部分控制权，参与企业经营管理与各项经济决策。由此，国有企业控制权集中性有所降低。

因此，控制权集中性作为企业控制权配置的特征之一，是反映企业控制权配置比例与分配程度的重要指标。

①采用实际控制人控制权比例进行测度。

由于以往研究并未对企业控制权配置特征进行相关界定与研究，因此鲜有学者对控制权集中性进行量化分析。根据 Adolf A. Berle 和 Gardiner C.Means 在《现代公司与私有财产》（1932）一书中提出的两权分离理论，现代企业已发生资本所有权与资本控制权分离的情况，企业控制权掌握在实际控制人手中。《公司法》第二百一十六条第三款规定："实际控制人，是指虽不是公司的股东，但通过投资关系、协议或者其他安排，能够实际支配公司行为的人。"中国证监会《上市公司收购管理办法》第八十四条提出"投资者为上市公司持股 50% 以上的控股股东；投资者可以实际支配上市公司股份表决权超过 30%；投资者通过实际支配上市公司股份表决权能够决定公司董事会半数以上成员选任；投资者依其可实际支配的上市公司股份表决权足以对公司股东大会的决议产生重大影响"均可认为其拥有上市公司控制权。因此，企业实际控制人既可以是控股股东，又可以是对企业实施重大影响的非控股股东。

基于此，本书认为，控制权是企业利益相关者实施公司治理的手段，也是其价值的体现，更是其对公司资源进行有效配置的基础。同时，借鉴窦炜等（2016）的做法，认为控制权是指在公司所拥有的表决权，实际控制人拥有上市公司控制权比例可以反映其对股东大会、董事会、董事及高管任免情况等的控制程度，实际控制人拥有控制权比例越高，企业控制权集中性越高。

因此，可采用实际控制人控制权比例对控制权集中性指标进行测度。

②采用第一大股东董事比例进行测度。

Jensen 和 Ruback（1983）提出企业控制权的配置本质是一种控制权市场行为，它是某一股东通过对股权与投票权的获取来实现对企业的控制，是不同股东对企业控制权相互竞争的结果。在此基础上，Jensen（1986）提出，企业控制权应由内部控制机制与外部控制机制两种形式组成，其中外部控制机制包括资本市场、要素与产品市场以及法制环境，内部控制权则是以董事会为要素的治理机制。王季（2009）则研究了企业的内部控制权机理，他认为，我国企业是由股东、管理者以及经理层共同控制的，因为企业控制权是在这三种利益相关者之间进行有效配置的。朱海英（2014）借鉴了王季（2009）对控制权配置三个层次的研究，提出了各个层次控制权的配置方式，其中股东层面运用百分比临界点对控制权进行分配；董事会层面采用第一大股东董事数量进行控制权配置；经理层面则是根据经理由股东或董事委派进行控制权配置研究。段云等（2011）则指出，企业董事的构成是随大股东的改变而发生变化的，其人员组成是股东之间利益较量的结果。基于此，本书认为，企业控制权应主要考虑董事会席位构成，占有董事会多数席位的股东，具有更多企业控制权；且第一大股东所拥有的董事会席位越多，企业控制权集中性越高。

2001 年 8 月，中国证监会颁布《关于在上市公司建立独立董事制度的指导意见》，该《意见》指出："上市公司独立董事是指不在上市公司担任除董事外的其他职务，并与其所受聘的上市公司及其主要股东不存在可能妨碍其进行独立客观判断的关系的董事。"由此，我国上市公司董事可在原有基础上分为内部董事、外部董事以及独立董事三种类型，且独立董事独立存在，不代表任何股东利益，制衡企业内部控制权分配。段云（2007）的研究还表明，内部董事的比例与第一大股东持股比例显著正相关，且外部董事可依据所属股东分为属于第一大股东的外部董事和非第一大股东的外部董事。鉴于此，本书认为，企业内部董事与第一大股东委派的外部董事均代表第一大股东利益，反映第一大股东意愿。因此，可采用第一大股东董事比例对企业控制权集中性指标进行测度，其中内部董事与第一大股东委派的外部董事均属于第一大股东董事数量。

本章采用第一种测度方法，即实际控制人控制权比例用于衡量控制权集中性。

（3）控制变量的选取。

控制变量的选取同本书第 4 章实证检验对控制变量的选取与设定。

（4）股权制衡的测度。

股权制衡的测度见本书第5章相关内容。

7.2.3　模型设计

根据本章研究目的，检验控制权集中性对国有企业投资效率的影响，本章构建模型（7-1）（7-2）（7-3）进行实证分析：

$$Inv_{i,t} = \alpha_0 + \alpha_1 kzqbl_{i,t} + \alpha_2 Size_{i,t} + \alpha_3 Return_{i,t} + \alpha_4 Grow_{i,t} + \alpha_5 Lev_{i,t} + \\ \alpha_6 Cash_{i,t} + \alpha_7 Age_{i,t} + \alpha_8 Board_{i,t} + \sum Ind + \sum Year + \varepsilon_{i,t} \tag{7-1}$$

$$OverInv_{i,t} = \beta_0 + \beta_1 kzqbl_{i,t} + \beta_2 Size_{i,t} + \beta_3 Return_{i,t} + \beta_4 Grow_{i,t} + \beta_5 Lev_{i,t} + \\ \beta_6 Cash_{i,t} + \beta_7 Age_{i,t} + \beta_8 Board_{i,t} + \sum Ind + \sum Year + \varepsilon_{i,t} \tag{7-2}$$

$$UnderInv_{i,t} = \gamma_0 + \gamma_1 kzqbl_{i,t} + \gamma_2 Size_{i,t} + \gamma_3 Return_{i,t} + \gamma_4 Grow_{i,t} + \gamma_5 Lev_{i,t} + \\ \gamma_6 Cash_{i,t} + \gamma_7 Age_{i,t} + \gamma_8 Board_{i,t} + \sum Ind + \sum Year + \varepsilon_{i,t} \tag{7-3}$$

其中，i=1，2，…，N 为企业变量；t=1，2，…，t 为时间变量。Inv，OverInv 以及 UnderInv 为被解释变量，表示企业投资效率、过度投资水平以及投资不足水平；kzqbl 为解释变量，表示实际控制人控制权比例；$\varepsilon_{i,t}$ 为残差项；其余变量为控制变量。根据证监会行业分类，本书共设置22个行业虚拟变量，用以控制行业差异对实证结果的影响。此外，本书研究数据涉及5年，共设置4个年度虚拟变量用以控制时间差异对实证结果的影响。

之后，依据控制权集中性基础回归模型，并结合对股权制衡的测度，本章针对股权制衡水平分组实证检验了控制权集中性对国有企业投资效率的影响，具体模型如下：

$$Inv_{i,t} = \delta_0 + \delta_1 kzqbl_{i,t} + \delta_2 Size_{i,t} + \delta_3 Return_{i,t} + \delta_4 Grow_{i,t} + \delta_5 Lev_{i,t} + \\ \delta_6 Cash_{i,t} + \delta_7 Age_{i,t} + \delta_8 Board_{i,t} + \sum Ind + \sum Year + \varepsilon_{i,t} \tag{7-4}$$

$$Overinv_{i,t} = \theta_0 + \theta_1 kzqbl_{i,t} + \theta_2 Size_{i,t} + \theta_3 Return_{i,t} + \theta_4 Grow_{i,t} + \theta_5 Lev_{i,t} + \\ \theta_6 Cash_{i,t} + \theta_7 Age_{i,t} + \theta_8 Board_{i,t} + \sum Ind + \sum Year + \varepsilon_{i,t} \tag{7-5}$$

$$UnderInv_{i,t} = \sigma_0 + \sigma_1 kzqbl_{i,t} + \sigma_2 Size_{i,t} + \sigma_3 Return_{i,t} + \sigma_4 Grow_{i,t} + \sigma_5 Lev_{i,t} + \\ \sigma_6 Cash_{i,t} + \sigma_7 Age_{i,t} + \sigma_8 Board_{i,t} + \sum Ind + \sum Year + \varepsilon_{i,t} \tag{7-6}$$

所有变量与之前所述相同。

7.2.4 实证检验

（1）描述性统计。

本章对主要变量进行了描述性统计，结果见表7-1。由结果可以看出，上市国有企业实际控制人控制权比例最大值为77.8800，最小值为0，均值为39.8709，说明在我国上市国有企业中实际控制人控制权比例差异较大，国有企业控制权集中程度存在较大差别，且整体来看，处于50%以下水平的国有企业数量较多，这可能会对国有企业投资水平与非效率投资情况产生不同影响。企业投资效率最大值为-0.0006，最小值为-0.2535，均值为-0.0364，说明我国国有企业大部分存在非效率投资问题。

表7-1　　　　　　　控制权集中性变量描述性统计结果

variable	N	mean	sd	p25	p50	p75	min	max
Inv	4 650	-0.0364	0.0404	-0.0439	-0.0251	-0.0124	-0.2535	-0.0006
OverInv	4 650	0.3301	0.4703	0.0000	0.0000	1.0000	0.0000	1.0000
UnderInv	4 650	0.6699	0.4703	0.0000	1.0000	1.0000	0.0000	1.0000
Kzqbl	4 650	39.8709	16.7365	28.3400	40.3700	51.5500	0.0000	77.8800
Size	4 650	22.7773	1.3839	21.8116	22.6098	23.6224	19.9513	26.9531
Return	4 650	0.1821	0.4505	-0.1571	0.0878	0.4182	-0.4868	1.8554
Grow	4 650	0.1280	0.4546	-0.0631	0.0544	0.1887	-0.5613	3.0657
Lev	4 650	0.5203	0.2069	0.3622	0.5265	0.6774	0.0955	0.9787
Cash	4 650	0.1402	0.1054	0.0643	0.1121	0.1865	0.0092	0.5174
Age	4 650	2.6817	0.4571	2.4849	2.8332	2.9957	1.0986	3.2189
Board	4 650	2.1979	0.1969	2.0794	2.1972	2.3026	1.6094	2.7081

资料来源：由作者运用STATA14.0计算所得。

此外，表7-2对主要变量投资效率（Inv）与实际控制人控制权比例（kzqbl）进行了分年度描述性统计，从2013—2017年的变化可以看出，国有企业投资效率变化不大，实际控制人控制权比例变化也不大。

表 7-2　　　　　　　　　　控制权集中性分年度描述性统计

年份	统计指标	投资效率（Inv）	实际控制人控制权比例（kzqbl）
2013	N	958	958
	Mean	−0.0364	39.48
	Std	0.0404	17.8484
	Min	−0.2534	0
	Max	−0.0005	77.88
2014	N	964	964
	Mean	−0.0349	39.1355
	Std	0.0403	17.9400
	Min	−0.2534	0
	Max	−0.0005	77.88
2015	N	952	952
	Mean	−0.0374	39.9435
	Std	0.0354	16.4149
	Min	−0.2534	0
	Max	−0.0005	77.88
2016	N	961	961
	Mean	−0.0383	40.2108
	Std	0.0442	15.7373
	Min	−0.2534	0
	Max	−0.0005	77.88
2017	N	815	815
	Mean	−0.0342	40.7135
	Std	0.0411	15.3604
	Min	−0.2534	0
	Max	−0.0005	77.88

资料来源：由作者运用 STATA14.0 计算所得。

（2）变量相关性分析。

表7-3报告了样本国有上市公司实际控制人控制权比例与企业投资效率及非效率投资水平的相关系数。由此可以看出，实际控制人控制权比例与企业投资效率的相关系数是0.004，初步可以表明混合所有制改革国有企业上市公司控制权集中性越高，企业投资效率越高。实际控制人控制权比例与过度投资水平的相关系数是-0.0230，初步可以表明混合所有制改革国有企业上市公司控制权集中性越高，企业过度投资水平越低，控制权集中程度可以在一定程度上缓解过度投资。实际控制人控制权比例与投资不足水平的相关系数为0.0230，则初步表明混合所有制改革国有企业上市公司控制权集中性越高，企业投资不足水平越高，控制权集中程度有加重企业投资不足水平的趋势。综上所述，控制权集中性对提高企业投资水平和缓解过度投资有一定效果，但结果并不显著，有待进一步实证进行检验。

另外，模型中的各控制变量对国有上市公司投资效率的影响与第5章所述内容一致，在此不再赘述。

（3）实证结果分析。

表7-4分别报告了样本混合所有制改革国有上市公司实际控制人控制权比例（控制权集中性）与企业投资效率、过度投资以及投资不足的回归结果。

回归（2）是在回归（1）的基础上加入控制变量，可以看出，实际控制人控制比例与企业投资效率并无显著关系，即混合所有制改革国有上市公司控制权集中程度并不能对企业投资效率产生影响。这可能是因为委托代理问题或信息不对称因素的存在，国有企业存在混合所有制改革"名大于实"的问题，无论实际控制人控制权比例或控制权集中性如何，实际控制人仍为国家，其仍对国有企业各项经济决策起主导左右，因此，控制权集中程度的差异并未对企业投资效率产生影响。假设7.1.1a未得到验证。

回归（3）和（4）报告了混合所有制改革国有上市公司控制权集中性与过度投资的关系，其中回归（4）是在回归（3）的基础上加入控制变量。由结果可以看出，控制权集中性与混合所有制改革国有企业过度

表 7-3

控制权集中性主要变量相关性分析

项目	Inv	OverInv	UnderInv	kzqbl	Size	Return	Grow	Lev	Cash	Age	Board
Inv	1										
OverInv	-0.173***	1									
UnderInv	0.173***	-1.000***	1								
Kzqbl	0.004	-0.0230	0.0230	1							
Size	0.108***	0.176***	-0.176***	0.286***	1						
Return	-0.0120	0.027*	-0.027*	-0.032*	-0.068***	1					
Grow	-0.189***	0.135***	-0.135***	-0.0100	0.046***	0.0150	1				
Lev	0.076***	0.074***	-0.074***	-0.003	0.374***	0.0100	0.0240	1			
Cash	-0.040***	-0.085***	0.085***	0.0190	-0.154***	0.0230	0.038**	-0.343***	1		
Age	0.052***	0.0190	-0.0190	-0.149***	-0.003	-0.051***	0.009	0.129***	-0.059***	1	
Board	0.003	0.067***	-0.067***	-0.034**	0.179***	-0.0160	-0.0160	0.038***	-0.078***	-0.070***	1

注：*表示 $p < 0.1$，**表示 $p < 0.05$，***表示 $p < 0.01$。

资料来源：由作者运用 STATA14.0 计算所得。

表7-4　　　　　　　　　　控制权集中性基础回归结果

项目	（1）	（2）	（3）	（4）	（5）	（6）
	投资效率（Inv）		过度投资（OverInv）		投资不足（UnderInv）	
kzqbl	0.0000	0.0000	−0.0010**	−0.0020***	0.0010**	0.0020***
	(0.1558)	(−1.1756)	(−2.4701)	(−4.6987)	(2.4701)	(4.6987)
Size		0.0031***		0.0704***		−0.0704***
		(6.2173)		(11.9723)		(−11.9723)
Return		0.0009		0.0598***		−0.0598***
		(0.5527)		(3.3362)		(−3.3362)
Grow		−0.0179***		0.1363***		−0.1363***
		(−14.0007)		(9.1611)		(−9.1611)
Lev		−0.0034		−0.0929**		0.0929**
		(−1.0052)		(−2.3378)		(2.3378)
Cash		−0.0084		−0.3161***		0.3161***
		(−1.3441)		(−4.3239)		(4.3239)
Age		0.0030**		0.0348**		−0.0348**
		(2.2711)		(2.2480)		(−2.2480)
Board		−0.0008		0.0588*		−0.0588*
		(−0.2692)		(1.6618)		(−1.6618)
cons	−0.0467***	−0.1143***	0.4093***	−1.1918***	0.5907***	2.1918***
	(−9.7446)	(−9.1384)	(7.2793)	(−8.1820)	(10.5042)	(15.0471)
Year	控制					
Industry	控制					
N	4 650	4 650	4 650	4 650	4 650	4 650
R^2	0.0411	0.0889	0.0265	0.0864	0.0265	0.0864
R^2_a	0.0357	0.0824	0.0210	0.0799	0.0210	0.0799
F	7.6122	13.6463	4.8333	13.2275	4.8333	13.2275

注：*表示 $p<0.1$，**表示 $p<0.05$，***表示 $p<0.01$；括号内为t值。

资料来源：由作者运用STATA14.0计算所得。

表7-5　　　　　　　　考虑股权制衡的控制权集中性回归结果

项目	（1）Inv	（2）OverInv	（3）UnderInv	（4）Inv	（5）OverInv	（6）UnderInv
	低股权制衡组			高股权制衡组		
kzqbl	−0.0001**	−0.0007	0.0007	−0.0002***	−0.0018**	0.0018**
	（−1.9972）	（−0.8550）	（0.8550）	（−2.7298）	（−2.5120）	（2.5120）
Size	0.0036***	0.0647***	−0.0647***	0.0036***	0.0696***	−0.0696***
	（5.0871）	（7.3610）	（−7.3610）	（4.7947）	（8.3972）	（−8.3972）
Return	0.0033	0.0241	−0.0241	−0.0005	0.0875***	−0.0875***
	（1.6035）	（0.9387）	（−0.9387）	（−0.2343）	（3.4597）	（−3.4597）
Grow	−0.0160***	0.1661***	−0.1661***	−0.0188***	0.1106***	−0.1106***
	（−8.9879）	（7.4938）	（−7.4938）	（−10.3433）	（5.4608）	（−5.4608）
Lev	−0.0113**	−0.0339	0.0339	0.0022	−0.1282**	0.1282**
	（−2.4903）	（−0.6020）	（0.6020）	（0.4324）	（−2.2592）	（2.2592）
Cash	−0.0169**	−0.1828*	0.1828*	−0.0032	−0.4312***	0.4312***
	（−1.9966）	（−1.7340）	（1.7340）	（−0.3433）	（−4.1279）	（4.1279）
Age	0.0044**	0.0615**	−0.0615**	−0.0001	0.0299	−0.0299
	（2.2556）	（2.5522）	（−2.5522）	（−0.0664）	（1.3800）	（−1.3800）
Board	0.0013	0.0420	−0.0420	−0.0024	0.0629	−0.0629
	（0.3267）	（0.8425）	（−0.8425）	（−0.5251）	（1.2360）	（−1.2360）
cons	−0.1227***	−1.1021***	2.1021***	−0.1134***	−1.2410***	2.2410***
	（−7.2642）	（−5.2469）	（10.0079）	（−6.1395）	（−6.0347）	（10.8976）
Industry	控制			控制		
Year	控制			控制		
N	2 242	2 242	2 242	2 408	2 408	2 408
R^2	0.0923	0.1072	0.1072	0.1024	0.0804	0.0804
R^2_a	0.0792	0.0943	0.0943	0.0899	0.0676	0.0676
F	7.0232	8.2905	8.2905	8.2038	6.2890	6.2890

注：括号内为t值；*表示p<0.1，**表示p<0.05，***表示p<0.01；结果（1）和（4）中的控制权集中性与企业投资回归系数差异suest检验结果为：P=0.6617。

资料来源：作者运用STATA14.0计算所得。

投资的回归系数为−0.0010和−0.0020，并且分别在5%和1%的水平上显著，从而有力地证明了较高的国有上市公司控制权集中性能有效缓解企业过度投资水平，假设7.1.1b得到证明。这也在一定程度上说明，随着企业控制权的集中化，各个利益主体实现"利益趋同"，国有企业实际控制人不再需要通过额外的投资机会谋求个人私利或进行"帝国建造"等，从而提高了企业的运行效率与资源的有效配置。

同时，还考虑到国有上市公司控制权集中性对企业投资不足的影响，通过回归（5）和回归（6）报告了控制权集中性与投资不足的关系。其中，回归（6）是在回归（5）的基础上加入了控制变量。由结果可以看出，控制权集中性与国有企业投资不足的回归系数为0.0010和0.0020，并且分别在5%和1%的水平上显著，这表明了随着国有上市公司控制权进一步集中，企业投资不足行为加重，同时也验证了假设7.1.1c。另外，也从反方向说明，随着国有企业混合所有制改革的进一步推进，企业控制权分散在国家与个人手中，特别是对一些竞争性行业的国有企业来说，混合所有制改革使得企业在保持国有资产保值增值的基础上与市场接轨，发挥了多种所有制资产的长处，公司治理效率与竞争力得以有效提升，以往国有企业"吃大锅饭"以及"安逸养老"的状况得以改善。

各个回归模型中控制变量的回归结果见表7-4，本章不再做赘述。

随后，考察在不同股权制衡情况下国有上市公司控制权集中性与投资效率以及非效率投资的关系，见表7-5，本部分对样本按照低股权制衡组和高股权制衡组进行分组检验，其中低股权制衡组涉及样本数2 242个，高股权制衡组涉及样本数2 408个。

回归（1）与回归（4）分别报告了当股权制衡水平较低和较高时，国有上市公司控制权集中性与企业投资效率的关系。当股权制衡水平较低时，控制权集中性与投资效率的回归系数为-0.0001，并且在5%的水平上显著，说明对于股权制衡程度较低的国有企业来说，随着控制权集中性的提高，企业投资效率降低，假设7.1.2a得到验证；当股权制衡水平较高时，控制权集中性与企业投资效率的回归系数为-0.0002，并且在1%的水平上显著，说明随着控制权集中性的提高，国有企业投资效率也呈现降低趋势，假设7.1.2b得到验证。之后，通过对两组回归系数的似无相关估计检验发现，无论股权制衡程度高低与否，回归系数并不存在显著差异。

回归（2）与回归（5）分别报告了当股权制衡较低和较高时，国有上市公司控制权集中性与过度投资的关系。当股权制衡程度较低时，控制权集中性与过度投资的回归系数为-0.0007，并不显著。这说明当股权制衡较低时，随着控制权集中程度的提高并不能显著缓解国有企业过度投资水平；而当股权制衡程度较高时，控制权集中性与过度投资的回归系数为-0.0018，并且在5%的水平上显著，假设7.1.2c得到验证。

回归（3）与回归（6）则分别报告了在股权制衡水平较低和较高时，国有上市公司控制权集中性与投资不足的关系。当股权制衡水平较低时，控制权集中性与投资不足的回归系数为0.0007，并不显著。当股权制衡水平较高时，控制权集中性与投资不足的回归系数为0.0018，并且在5%的水平上显著，假设7.1.2d得到验证。这可能是因为混合所有制国有企业在进行改革时，随着民营股东的进入，企业控制权逐渐分散，此时，国有企业引入更多的市场机制，竞争力增强，投资不足行为得到有效缓解，这也进一步说明我国国有企业混合所有制改革取得一定的成效。

综合以上回归结果可以看出，无论股权制衡程度高低与否，随着国有上市公司控制权集中性越高，企业更可能由于自身所具有的国有企业特征与优势，造成投资效率的低下；而随着混合所有制改革的进一步推进，国有企业股权制衡程度加深，民营资本掌握了更多的国有企业控制权与话语权，它们为国有企业带来了更多的新鲜活力，且控制权集中程度越低，企业投资不足水平越低。然而，这种控制权的分散从某种程度来讲是把"双刃剑"，随着控制权的进一步分散化，国有企业在投资决策上可能更多偏好风险收益型项目，从而引发企业过度投资问题。

7.2.5　稳健性检验

由以往研究可知，产生内生性的问题有很多，包括遗漏变量、解释变量与被解释变量间的反向因果以及度量误差等，通常可以采用工具变量法（IV）、替换变量、自然实验法、动态面板法以及2SLS等方法进行缓解。

为了缓解遗漏重要变量可能带来的内生性问题，本章借鉴吴秋生和黄贤环（2017）的做法，运用2SLS方法对本章变量进行稳健性检验，将实际控制人控制权比例（kzqbl）滞后一期作为工具变量进行2SLS回归，用以缓解解释变量与被解释变量可能存在的内生性问题。由于当期控制权比例一般仅会对当期企业投资产生影响，因此，实际控制人控制权比例的滞后一期与企业当期投资不相关，且与随机扰动项无关，可以作为2SLS内生性检验的工具变量。

表7-6报告了运用2SLS方法下滞后一期控制权集中程度与企业投资的回归结果。根据弱工具变量检验发现，最小特征值F统计量为322.0788，大于经验值10，因此不存在弱识别，证明文中选取的工具变量较为合适。

表7-6　　　　　控制权集中性2SLS方法回归结果

项目	（1）第一阶段	（2）第二阶段	（3）第一阶段	（4）第二阶段	（5）第一阶段	（6）第二阶段
	投资效率（Inv）		过度投资（OverInv）		投资不足（UnderInv）	
L.kzqbl	0.8007*** (91.6655)		0.8007*** (91.6655)		0.8007*** (91.6655)	
kzqbl		-0.0001 (-1.1587)		-0.0022*** (-3.6930)		0.0022*** (3.6930)
Size	0.8048*** (6.6186)	0.0029*** (5.1575)	0.8048*** (6.6186)	0.0726*** (10.9209)	0.8048*** (6.6186)	-0.0726*** (-10.9209)
Return	0.4601 (1.2185)	0.0015 (0.8638)	0.4601 (1.2185)	0.0681*** (3.3621)	0.4601 (1.2185)	-0.0681*** (-3.3621)
Grow	1.4389*** (4.7295)	-0.0202*** (-14.5605)	1.4389*** (4.7295)	0.1364*** (8.3775)	1.4389*** (4.7295)	-0.1364*** (-8.3775)
Lev	-1.3927* (-1.6866)	-0.0052 (-1.3790)	-1.3927* (-1.6866)	-0.0741* (-1.6726)	-1.3927* (-1.6866)	0.0741* (1.6726)
Cash	2.7984* (1.8417)	-0.0102 (-1.4655)	2.7984* (1.8417)	-0.3524*** (-4.3215)	2.7984* (1.8417)	0.3524*** (4.3215)
Age	-0.1705 (-0.4814)	0.0028* (1.7168)	-0.1705 (-0.4814)	0.0558*** (2.9362)	-0.1705 (-0.4814)	-0.0558*** (-2.9362)
Board	-1.2675* (-1.7453)	-0.0003 (-0.0905)	-1.2675* (-1.7453)	0.0500 (1.2812)	-1.2675* (-1.7453)	-0.0500 (-1.2812)
cons	-5.4925* (-1.7748)	-0.1048*** (-7.4019)	-5.4925* (-1.7748)	-1.3739*** (-8.2804)	-5.4925* (-1.7748)	2.3739*** (14.3073)
Industry	控制	控制	控制	控制	控制	控制
Year	控制	控制	控制	控制	控制	控制
N	3 611	3 611	3 611	3 611	3 611	3 611
R^2	0.7481	0.1031	0.7481	0.0972	0.7481	0.0972
R^2_a	0.7459	0.0951	0.7459	0.0891	0.7459	0.0891

注：第一和第二阶段回归结果括号内分别为t值和Z值；L.为滞后算子；*表示p<0.1，**表示p<0.05，***表示p<0.01。

资料来源：由作者运用STATA14.0计算所得。

回归结果（2）显示了国有上市公司控制权集中程度与投资效率在2SLS方法下的相互关系，即实际控制人控制权比例与混合所有制改革国有企业投资效率回归系数仍旧不显著，可以看出，考虑内生性问题后国有企业控制权集中程度对企业投资效率无显著影响。

回归结果（4）显示，混合所有制改革国有上市公司控制权集中性与企业过度投资水平系数为-0.0022，并且在1%水平上显著，这进一步证明了在考虑可能存在的内生性问题情况下，随着控制权集中性的提高，企业过度投资水平得到有效缓解。

回归结果（6）显示，混合所有制改革国有上市公司控制权集中性与企业投资不足水平系数为0.0022，并且在1%的水平上显著。这也再一次证实了基础回归的可靠性，即使在考虑可能的内生性问题下，随着国有企业混合所有制改革的推进，国有上市公司控制权有所分散，其市场化程度提高，投资不足水平有很大程度缓解。

综上所述，考虑可能存在的内生性问题，运用2SLS方法对本章变量进行重新回归，得到的结论虽在显著性方面与基础回归有部分差异，但依旧可以得出国有企业上市公司控制权集中性与企业过度投资水平显著负相关、与企业投资不足水平显著正相关的结论，由此可以看出，本书7.2节基础回归结果具有稳健性。

为了检验控制权集中性、股权制衡与混合所有制改革国有企业投资效率实证结果的稳健性，减少因度量误差或解释变量与被解释变量反向因果带来的内生性问题，本部分将自变量作滞后一期处理，并按照股权制衡程度的中位数分组进行稳健性检验。其中，低股权制衡组涉及样本1 721个，高股权制衡组涉及样本1 890个。

由于解释变量滞后一期仅与当期解释变量相关，与当期被解释变量无关，能够较好地处理解释变量与被解释变量相互作用而引起的内生性问题。表7-7对解释变量即实际控制人控制权比例做滞后一期处理，由结果可以看出，在高股权制衡组，控制权集中性与国有企业投资效率在1%的水平上显著负相关，与国有企业过度投资在10%的水平上显著负相关，而与国有企业投资不足在10%的水平上显著正相关。因此，通过稳健性检验的进一步证实，将股权制衡作为调节变量，上述针对控制权集中性与混合所有制改革国有企业投资效率的研究结果依旧成立。

表7-7　　　　考虑股权制衡的控制权集中性稳健性检验结果

项目	(1) Inv	(2) OverInv	(3) UnderInv	(4) Inv	(5) OverInv	(6) UnderInv
	低股权制衡组			高股权制衡组		
lkzqbl	0.0000 (−0.1275)	−0.0003 (−0.4438)	0.0003 (0.4438)	−0.0002*** (−2.7183)	−0.0015* (−1.9600)	0.0015* (1.9600)
Size	0.0030*** (3.8441)	0.0662*** (6.8565)	−0.0662*** (−6.8565)	0.0033*** (3.9846)	0.0695*** (7.5438)	−0.0695*** (−7.5438)
Return	0.0025 (1.1062)	0.0316 (1.1120)	−0.0316 (−1.1120)	0.0008 (0.3020)	0.0955*** (3.2589)	−0.0955*** (−3.2589)
Grow	−0.0184*** (−9.5033)	0.1709*** (7.0889)	−0.1709*** (−7.0889)	−0.0216*** (−10.7554)	0.1029*** (4.5558)	−0.1029*** (−4.5558)
Lev	−0.0084* (−1.6588)	−0.0127 (−0.2022)	0.0127 (0.2022)	−0.0016 (−0.2839)	−0.1181* (−1.8515)	0.1181* (1.8515)
Cash	−0.0175* (−1.8662)	−0.2328** (−1.9898)	0.2328** (1.9898)	−0.0012 (−0.1121)	−0.4752*** (−4.0148)	0.4752*** (4.0148)
Age	0.0064*** (2.7230)	0.0915*** (3.1446)	−0.0915*** (−3.1446)	−0.0014 (−0.5944)	0.0467* (1.7556)	−0.0467* (−1.7556)
Board	0.0047 (1.0569)	−0.0162 (−0.2909)	0.0162 (0.2909)	−0.0034 (−0.6770)	0.0989* (1.7713)	−0.0989* (−1.7713)
cons	−0.1308*** (−6.7974)	−1.1394*** (−4.7585)	2.1394*** (8.9347)	−0.0979*** (−4.7707)	−1.4637*** (−6.3423)	2.4637*** (10.6753)
Industry	控制			控制		
Year	控制			控制		
N	1 721	1 721	1 721	1 890	1 890	1 890
R²	0.1088	0.1237	0.1237	0.1161	0.0878	0.0878
R²_a	0.0925	0.1076	0.1076	0.1008	0.0721	0.0721
F	6.6534	7.6883	7.6883	7.6195	5.5866	5.5866

注：括号内为t值；*表示p<0.1，**表示p<0.05，***表示p<0.01。

资料来源：由作者运用STATA14.0计算所得。

7.3　本章小结

本章选取 2013—2017 年我国国有上市公司财务与治理方面的经验数据，实证检验了在混合所有制改革背景下，控制权集中性与国有企业投资效率的关系，包括企业过度投资与投资不足的关系。同时，考虑由于混合所有制改革带来了股权结构变化对两者关系的影响效果。结果表明，控制权集中性与企业投资效率负相关，其中，在高股权集中度与高股权制衡组，效果更为显著。这表明，在国有企业中，若控制权过于集中在国家手中，则会使企业缺乏市场活力与竞争力，更多地依赖国家给予的优惠政策，从而造成企业治理效率与投资效率的低下。另一方面，考虑控制权集中性对混合所有制改革国有企业非效率投资影响，随着国有企业控制权集中化，企业过度投资水平得到抑制；而随着控制权的分散化，企业投资不足水平得到缓解。这说明国有资本更倾向于稳健的投资策略，但随着混合所有制改革在各类企业中的实施，国有企业的投资行为相较之前向进取型方向发展。同时，本章通过采取 2SLS 方法、替换相关变量以及解释变量滞后一期等方法对研究模型进行了重新检验，实证结果依然成立，证明本章结论具有稳健性。

第8章　控制权独立性对混合所有制改革国有企业投资效率的影响研究

　　我国国有企业占有丰富的资源，然而，由于公司治理效率相对低下，企业的资源未得到最优化配置，因此，在保证国有资本控股地位的同时分层分类推进混合所有制改革，实现国有资本与社会资本不断融合，对提高国有企业的资本经营效率意义重大。如本书第3章理论分析所述，国有企业开展混合所有制改革，除了改变现有的股权结构，对公司治理结构、控制权结构及董事会结构的重新配置，更是改革中需要考虑的重点问题。根据本书观点，控制权配置具有对等性、制衡性、集中性与独立性四个特征，本书第5、6、7章分别分析了控制权对等性、制衡性以及集中性对混合所有制改革国有企业投资效率的影响；同时考虑了控制权特征对国有企业投资效率影响的调节作用。本章将继续就控制权配置特征中的控制权独立性与混合所有制改革国有企业投资效率及非效率投资的关系进行深入探讨，考察董事会独立性即董事与经理的兼任程度对投资的影响，并分组检验股权集中度所发挥的调节作用。

8.1 理论分析与研究假设

8.1.1 控制权独立性与混合所有制改革国有企业投资效率

Berle 和 Means 于 1932 年出版的《现代公司与私有财产》一书中提出，"两权分离"现象，即企业所有权与控制权分离情况在现代股份企业中普遍存在。随着"两权分离"的产生，股东会雇佣具有专业技术能力的经理层对企业实施管理，此时，"第一类代理问题"产生，即股东会与经理层之间的委托代理问题。考虑到"第一类代理问题"的存在，股东与经理人采取订立契约、董事会有效监督或薪酬股权适当激励等方式进行缓解，其中，董事会作为股东会与经理层的中间环节，有效地监督经理层的经营管理工作，缓解并协调"第一类代理问题"。根据《中华人民共和国公司法》，董事会的主要职责是监督与审议经理层的管理与决策，其职能的有效发挥可以显著提升企业治理效率与盈余质量（孙光国和孙瑞琪，2017）。因此，董事会的独立性，即企业控制权独立性是董事会有效监督与职能发挥的前提。

孙光国和王文慧（2015）认为，董事与经理兼任显著影响董事会监督与决策职能的有效性与客观性。然而，当前我国国有企业普遍存在的现状是董事与经理交叉任职，且相互重叠情况严重。当董事与经理交叉任职时，董事会的控制权独立性与监督决策职能受到挑战，由于经理层负责制订企业投资计划，而董事会负责审议与决策投资项目，此时董事会决策有效性降低，企业投资效率降低，且非效率投资增加。进一步地，董事与经理兼任，经理层受监督的程度必然降低，特别是对于我国国有企业，经理层由于缺乏监管，贪图职务享受与个人在职消费，安于现状的情况增多。卢锐等（2008）的研究也表明，董事与经理兼任增加了经理层的权力，并为他们牟取私利的行为提供便利，企业非效率投资行为增加。同时，由于国有企业股东"缺位"现象严重，国有企业"不作为"的董事或经理人显著增加，为了维持现状，他们秉承"多做多错，少做少错"的观点，股东与经理层信息不对称问题加重。根据孙光国和孙瑞琪（2017）的研究，董事与经理兼任通过影响董事会独立性与经理层权力对企业投资效率产生影响。因此，随着董事会与经理层兼任程度加重，将显著影响董事会决策能力，降低投资效率，并最终影响国有企业资源配置效率与市场竞争力。

当前我国正在推进的混合所有制改革应深入考虑董事与经理交叉任职状况，从本质上改善国有企业内部董事会治理与法人治理结构。

基于以上理论分析，本节提出如下假设：

8.1.1：国有企业董事与经理兼任程度越高，控制权独立性越低，投资效率越低。

8.1.2　控制权独立性、股权结构与混合所有制改革国有企业投资效率

根据本书第3章的理论分析可知，谁掌握董事会的多数席位，谁就掌握了企业的控制权。由于我国国有企业的特殊制度背景，董事会独立性相对较低，内部董事居多，董事兼任经理的比例逐年攀升，造成股东与经理层之间代理问题较为严重。为了提高董事会独立性，中国证监会在《关于在上市公司建立独立董事制度的指导意见》中规定，上市公司董事会成员中应至少包括三分之一独立董事。本节在考察控制权独立性与混合所有制改革国有企业投资效率关系的基础之上，选取股权集中度反映企业股权结构，考察股权结构对上述两者关系的调节效应。

党的十九大报告明确指出，"深化国有企业改革，发展混合所有制经济，培育具有全球竞争力的世界一流企业"，进一步明确了国有企业混合所有制改革的重要地位。作为自2013年以来国有企业改革的重点与热点，混合所有制改革在未来几年将以更大更广的范围拓展开发，按照国有企业类型考虑，处于市场竞争类国有企业将继续加大股权转让力度，以一定速度与比例降低国有股权比例，因此，对此类企业来说，经过改革后其股权集中度相对较低。混合所有制改革表面上是对国有企业股权结构进行改革，其焦点则是对国有企业控制权与经营权的改革。通过对法人治理结构与市场化经营机制的改革，国有企业董事会结构与职业经理人制度将进一步完善。特别是对竞争类行业的国有企业，随着改

革的推进，以往董事与经理兼任程度将有所降低，职业经理人的加入使得企业经营体制得以改善，国有企业投资效率提高。

然而，对于混合所有制改革推进较慢的国有企业，改革主体不到位，国有控股比例较高，股权集中度较高，从而造成企业治理结构不完善，控制权独立性较差。同时，根据国有企业的功能定位，混合所有制改革实施分类、分层改革，对于处于国家重点行业的国有企业应采取国有独资或由国家绝对控股，这些企业股权集中度较高，存在我国"旧国企"的通病，即董事会内部董事居多，董事与经理兼任程度较高，因而企业监督机制有效性降低，投资效率下降。一般而言，董事与经理兼任程度越高，控制权独立性越低；反之则控制权独立性越高。

鉴于以上理论分析，可以提出以下假设：

假设 8.1.2a：当国有企业股权集中度较低时，董事与经理兼任程度越低，控制权独立性越高，投资效率越高。

假设 8.1.2b：当国有企业股权集中度较高时，董事与经理兼任程度越高，控制权独立性越低，投资效率越低。

8.2 研究设计与实证检验

8.2.1 样本选择与数据来源

本部分与前述章节相同，数据选取来自 2013—2017 年的我国上市国有企业，选择其中具有非公有制资本参股的企业，研究控制权独立性对国有企业投资效率及非效率投资的影响。随后，对第一大股东持股比例按照 50% 作为分界标准进行分组，分别为低股权集中度组与高股权集中度组，研究在考虑股权集中度时，控制权独立性对国有企业投资效率的影响。董事与经理兼任数据来自国泰安（CSMAR）数据库人物研究子库董监高个人特征数据，根据董事会成员是否担任高管职务以及高管职位类型判定兼任与否，其他财务及股权结构相关数据主要来自国泰安数据库。

8.2.2 变量定义与测度

（1）企业投资效率的测度。

同第5章对于"企业投资效率"、"过度投资"与"投资不足"的测度，采用Richardson（2006）所构建的残差度量模型。

（2）控制权独立性的测度。

"独立"是指不依赖其他事物的存续而存在，独立性表示独立程度。在企业中，控制权主要取决于董事会席位的多少，董事会作为公司治理结构的核心环节，向上受控于股东层，向下控制经理层，既是股东的代理人，又是资源的控制者。《公司法》规定，董事会负责审议经理层提出的年度经营计划，同时对经理层进行考核。

然而，我国国有企业普遍存在董事会与经理层高度重叠的问题，董事会不仅承担董事会的相应职责，而且肩负股东会与经理层的相关职责，董事兼任高管职位的情况普遍存在，多数董事为国有企业内部董事，各层级权责界定不清，公司治理结构难以完善，这就造成了当前国有企业控制权独立性较低的问题。如前文所述，混合所有制改革表面是改变国有企业的股权结构，将单一股权向多元化股权转变，实质则是公司治理架构的重新构建，对董事会与经理层责权利的清晰划分，将董事会与经理层相容度降低，实现国有企业控制权的相对独立，从而完善适合国有企业发展的法人治理结构，提高董事会与经理层治理效率与决策能力。

因此，作为国有企业混合所有制改革控制权配置的重要特征之一，控制权独立性的提高有助于国有企业董事会结构的合理优化，进而发挥其对企业股东会与经理层的协调作用，提高企业绩效。

①采用董事与经理兼任程度进行测度。

《公司法》规定，董事会决定公司的经营计划、投资方案、年度财务预算方案和决算方案；制订公司利润分配方案和弥补亏损方案；决定公司内部管理机构的设置；决定聘任或解聘公司经理及其报酬事项，并根据经理的提名决定聘任或者解聘公司副经理、财务负责人及其报酬事项等。经理层则负责制订公司经营计划，日常管理；制订内部管理机构设置方案；执行董事会决议等。董事与经理兼任是指董事作为董事会成员的同时在企业经理层担任职务，身兼两职或多职，根据本书第3章的理论分析可知，由于董事会与经理层之间存在的委托关系，董事会可选聘或解聘经理层，并对经理层的投资决策与经营计划等进行审议。因此，当董事会成员既拥有董事层面的权力，又享有经理层面的职权时，企业控制权独立性受到影响。

基于此，本书认为，采用企业董事与经理兼任程度可衡量控制权独立性，其中，董事是指董事会成员，经理包括首席执行官（CEO）、首席财务官（CFO）及两职兼任者。由于首席执行官与首席财务官在国有企业经理层占有主导地位，因此选取这两者作为经理层代表。之后，用所得董事与经理兼任人数除以企业董事人数，可知董事与经理兼任程度，即企业控制权独立性，当董事与经理兼任程度越高时，企业控制权独立性越低；反之当两者兼任程度越低时，企业控制权独立性越高。另外，由于董事长与总经理两职合一属于董事与经理兼任的特殊情况之一，也可用两职合一衡量企业控制权独立性。

②采用是否两职合一进行测度。

两职合一问题一直是公司治理领域的研究热点，一方面，有学者认为，根据管家理论与统一指挥理论，两职合一可以有效提升企业绩效（Fama和Jensen，1983；Garg，2013）；另一方面，由于委托代理问题的存在，两职合一会影响董事的独立性，进而影响企业治理效率（Krause等，2014；周建等，2015）。因此，对董事长与总经理是否两职合一的研究可以较好地反映董事会的独立程度。

由于学者们对两职合一的研究相对较多，本章选取国有企业董事与经理兼任程度作为控制权独立性的衡量指标，并采用实证方法检验控制权独立性对混合所有制改革国有企业投资效率及非效率投资的作用机理。

（3）控制变量的选取。

控制变量的选取同本书第4章实证检验对控制变量的选取与设定。

（4）股权集中度的测度。

股权集中度的测度见本书第6章相关内容。

8.2.3　模型设计

根据本章研究目的，检验控制权独立性对国有企业投资效率的影响，本章构建模型（8-1）、（8-2）和（8-3）进行实证分析：

$$Inv_{i,t} = \alpha_0 + \alpha_1 dujldualRate_{i,t} + \alpha_2 Size_{i,t} + \alpha_3 Return_{i,t} + \alpha_4 Grow_{i,t} + \alpha_5 Lev_{i,t}$$
$$+ \alpha_6 Cash_{i,t} + \alpha_7 Age_{i,t} + \alpha_8 Board_{i,t} + \sum Ind + \sum Year + \varepsilon_{i,t} \tag{8-1}$$

$$OverInv_{i,t} = \beta_0 + \beta_1 dujldualRate_{i,t} + \beta_2 Size_{i,t} + \beta_3 Return_{i,t} + \beta_4 Grow_{i,t} + \beta_5 Lev_{i,t}$$
$$+ \beta_6 Cash_{i,t} + \beta_7 Age_{i,t} + \beta_8 Board_{i,t} + \sum Ind + \sum Year + \varepsilon_{i,t} \tag{8-2}$$

$$UnderInv_{i,t} = \gamma_0 + \gamma_1 dsjldualRate_{i,t} + \gamma_2 Size_{i,t} + \gamma_3 Return_{i,t} + \gamma_4 Grow_{i,t} + \gamma_5 Lev_{i,t}$$
$$+ \gamma_6 Cash_{i,t} + \gamma_7 Age_{i,t} + \gamma_8 Board_{i,t} + \sum Ind + \sum Year + \varepsilon_{i,t} \tag{8-3}$$

其中，dsjldualRate 为解释变量，表示控制权独立性，即董事与经理兼任程度，模型中涉及的其余各变量定义与第4章一致。模型（8-1）用于检验假设 8.1.1a，模型（8-2）用于检验假设 8.1.1b，模型（8-3）用于检验假设 8.1.1c。

之后，根据上述控制权独立性与国有企业投资效率基础回归模型，结合股权集中度测度方法，分低股权集中度与高股权集中度两组，实证检验了控制权独立性对国有企业投资效率的影响，模型中各变量定义与基础回归模型一致，用于检验假设 8.1.2a 和假设 8.1.2b 的具体模型（8-4）如下：

$$Inv_{i,t} = \delta_0 + \delta_1 dsjldualRate_{i,t} + \delta_2 Size_{i,t} + \delta_3 Return_{i,t} + \delta_4 Grow_{i,t} + \delta_5 Lev_{i,t}$$
$$+ \delta_6 Cash_{i,t} + \delta_7 Age_{i,t} + \delta_8 Board_{i,t} + \sum Ind + \sum Year + \varepsilon_{i,t} \tag{8-4}$$

8.2.4　实证检验

（1）描述性统计。

本部分对控制权独立性主要变量进行了描述性统计，结果见表8-1，国有上市公司董事与经理兼任程度最小值为 0.0667，最大值为 0.4000，均值为 0.1528，说明我国上市国有企业董事与经理交叉任职情况差异较大，从整体来看，虽兼任程度比例均小于40%，但比例仍然较高，且交叉任职情况较为普遍，这些均可能对国有企业投资效率及非效率投资水平产生一定影响。其他变量描述性统计结果与第5章的分析一致。

表8-1　　控制权独立性（董事经理兼任程度）描述性统计结果

variable	N	mean	sd	p25	p50	p75	min	max
Inv	4 146	−0.0364	0.0404	−0.0439	−0.0251	−0.0124	−0.2535	−0.0006
OverInv	4 146	0.3301	0.4703	0.0000	0.0000	1.0000	0.0000	1.0000
UnderInv	4 146	0.6699	0.4703	0.0000	1.0000	1.0000	0.0000	1.0000
dsjldualRate	4 146	0.1528	0.0681	0.1111	0.1250	0.2000	0.0667	0.4000
Size	4 146	22.7773	1.3839	21.8116	22.6098	23.6224	19.9513	26.9531
Return	4 146	0.1821	0.4505	−0.1571	0.0878	0.4182	−0.4868	1.8554
Grow	4 146	0.1280	0.4546	−0.0631	0.0544	0.1887	−0.5613	3.0657
Lev	4 146	0.5203	0.2069	0.3622	0.5265	0.6774	0.0955	0.9787
Cash	4 146	0.1402	0.1054	0.0643	0.1121	0.1865	0.0092	0.5174
Age	4 146	2.6817	0.4571	2.4849	2.8332	2.9957	1.0986	3.2189
Board	4 146	2.1979	0.1969	2.0794	2.1972	2.3026	1.6094	2.7081

资料来源：由作者运用STATA14.0计算所得。

表8-2报告了2013—2017年的董事与经理兼任程度描述性统计结果，可以看出，国有企业董事与经理兼任程度基本维持在15%上下，2017年有显著下降，可能是因为2017年混合所有制改革政策落地，对国有企业董事会构成与结构产生影响。同时，各年标准差基本处于0.06～0.08区间，说明国有企业董事与经理兼任程度差异度较小。

表8-2　　控制权独立性（董事经理兼任程度）分年度描述性统计

Variable	Year	Obs	Mean	Std	Min	Max
董事与经理兼任程度（dsjldualRate）	2013	889	0.147	0.0662	0.0666	0.4
	2014	900	0.1537	0.0674	0.0666	0.4
	2015	896	0.1562	0.0715	0.0666	0.4
	2016	913	0.1582	0.0699	0.0666	0.4
	2017	548	0.1458	0.0621	0.0666	0.4

资料来源：由作者运用STATA14.0计算所得。

（2）变量相关性分析。

表8-3展示了控制权独立性与国有企业投资效率及非效率投资水平的相关系数。其中，控制权独立性，即董事与经理兼任程度与国有企业投资效率的相关系数为-0.0240，初步看出董事与经理交叉任职可能导致国有企业投资效率低下。控制权独立性与国有企业过度投资水平的相关系数为-0.041，且在1%的水平上显著，说明董事与经理兼任程度越高，国有企业过度投资水平越低。控制权独立性与国有企业投资不足水平的回归系数为0.041，且在1%的水平上显著，则表明随着董事与经理交叉任职情况增多，国有企业投资不足水平加重。因此，根据以上相关性分析可知，控制权独立性对国有企业投资效率的关系有待进一步实证检验。

此外，企业规模，年度回报率，成长性以及资产负债率等财务指标与董事会规模，成立年限等治理指标与国有企业投资效率也具有一定关系，具体内容在此不再赘述。

（3）实证结果分析

表8-4报告了董事与经理兼任程度（控制权独立性）与混合所有制改革国有企业投资效率、过度投资及投资不足的回归结果。

回归（2）是在回归（1）的基础上加入控制变量，由结果可以看出，董事与经理兼任程度与混合所有制改革国有企业投资效率的回归系数是-0.0185，且在10%的基础上显著，这有力地证明了董事经理兼任对投资效率的负面影响，假设8.1.1得到验证。这也进一步说明，国有企业内部缺乏独立性的董事会对投资决策的不利影响，混合所有制改革势在必行。

回归（4）是在回归（3）的基础上加入控制变量，结果显示，国有企业董事经理兼任程度与过度投资水平在未加入控制变量前为-0.2595，且在5%的水平上显著；加入控制变量后两者虽呈负相关关系，但未通过显著性检验。因此可以看出，董事与经理兼任程度未能有效缓解国有企业过度投资行为。这是因为，国有企业"所有者缺位"问题严重，且内部董事居多，董事与经理交叉任职普遍存在，造成企业被"内部人控制"，缺乏相应的监督管理，虽然可能使得经理层缺乏投资动力，降低投资水平，但这种情况的存在，更有可能为了个人私利或谋求短期效益而选择非经济投资项目，从而造成过度投资。

表8-3　控制权独立性（董事经理兼任程度）主要变量相关性分析

项目	Inv	OverInv	UnderInv	dsjldualRate	Size	Return	Grow	Lev	Cash	Age	Board
Lnv	1										
OverInv	-0.173***	1									
UnderInv	0.173***	-1.000***	1								
dsjldualRate	-0.0240	-0.041***	0.041***	1							
Size	0.108***	0.176***	-0.176***	-0.063***	1						
Return	-0.0120	0.027*	-0.027*	0.0230	-0.068***	1					
Grow	-0.189***	0.135***	-0.135***	0.0110	0.046***	0.0150	1				
Lev	0.076***	0.074***	-0.074***	0.0150	0.374***	0.0100	0.0240	1			
Cash	-0.040***	-0.085***	0.085***	-0.0070	-0.154***	0.0230	0.038**	-0.343***	1		
Age	0.052***	0.0190	-0.0190	0.050***	-0.0030	-0.051***	0.0090	0.129***	-0.059***	1	
Board	0.0030	0.067***	-0.067***	-0.356***	0.179***	-0.0160	-0.0160	0.038***	-0.078***	-0.070***	1

注：*表示P<0.1，**表示P<0.05，***表示P<0.01。

资料来源：由作者运用STATA14.0计算所得。

回归（6）是在回归（5）的基础上加入控制变量，可以看出，国有企业董事与经理交叉任职程度与投资不足水平在未加入控制变量前为0.2595，且在5%的水平上显著；但加入控制变量后仍未通过显著性检验，说明国有企业投资不足水平并未随董事经理兼任程度的提高而提高。

此外，模型中各控制变量回归结果见表8-4。

表8-4　　　　控制权独立性（董事经理兼任程度）基础回归

项目	(1)	(2)	(3)	(4)	(5)	(6)
	投资效率（Inv）		过度投资（OverInv）		投资不足（UnderInv）	
dsjldualRate	-0.0213**	-0.0185*	-0.2595**	-0.1583	0.2595**	0.1583
	(-2.3160)	(-1.9251)	(-2.3952)	(-1.4097)	(2.3952)	(1.4097)
Size		0.0030***		0.0681***		-0.0681***
		(5.8149)		(11.3722)		(-11.3722)
Return		0.0005		0.0725***		-0.0725***
		(0.3237)		(3.8257)		(-3.8257)
Grow		-0.0175***		0.1362***		-0.1362***
		(-12.9066)		(8.6022)		(-8.6022)
Lev		-0.0038		-0.0982**		0.0982**
		(-1.0564)		(-2.3235)		(2.3235)
Cash		-0.0056		-0.3418***		0.3418***
		(-0.8419)		(-4.4221)		(4.4221)
Age		0.0027*		0.0525***		-0.0525***
		(1.9416)		(3.2077)		(-3.2077)
Board		-0.0033		0.0618		-0.0618
		(-0.9528)		(1.5455)		(-1.5455)
cons	-0.0419***	-0.1021***	0.4023***	-1.2359***	0.5977***	2.2359***
	(-8.0488)	(-7.3725)	(6.5542)	(-7.6402)	(9.7382)	(13.8220)
Industry	控制	控制	控制	控制	控制	控制
Year	控制	控制	控制	控制	控制	控制

续表

项目	（1）	（2）	（3）	（4）	（5）	（6）
	投资效率（Inv）		过度投资（OverInv）		投资不足（UnderInv）	
N	4 146	4 146	4 146	4 146	4 146	4 146
R^2	0.0441	0.0889	0.0282	0.0890	0.0282	0.0890
R^2_a	0.0380	0.0816	0.0221	0.0817	0.0221	0.0817
F	7.3001	12.1529	4.5993	12.1701	4.5993	12.1701

注：*表示p<0.1，**表示p<0.05，***表示p<0.01；括号内为t值。

资料来源：由作者运用STATA14.0计算所得。

随后，本章采取实证方法检验股权集中度作为控制权独立性与投资效率两者关系调节变量时的作用机理，见表8-5。其中，经过分组检验，低股权集中度组涉及样本数3 062个，高股权集中度组涉及样本数1 084个。

表8-5   考虑股权集中度的控制权独立性回归结果

项目	（1）	（2）
	投资效率（Inv）	投资效率（Inv）
	低股权集中度组	高股权集中度组
dsjldualRate	−0.0244**	−0.0115
	（−2.1978）	（−0.5957）
	chi（1）=0.25，Prob>chi2=0.6143	
Size	0.0039***	0.0018*
	（6.0339）	（1.7712）
Return	−0.0006	0.0049
	（−0.3164）	（1.5310）
Grow	−0.0153***	−0.0236***
	（−9.8652）	（−8.4467）

续表

项目	（1） 投资效率（Inv） 低股权集中度组	（2） 投资效率（Inv） 高股权集中度组
Lev	−0.0056	−0.0002
	（−1.3689）	（−0.0241）
Cash	−0.0151*	0.0070
	（−1.9130）	（0.5479）
Age	0.0033*	0.0036
	（1.9435）	（1.3191）
Board	−0.0099**	0.0067
	（−2.3465）	（1.0795）
cons	−0.1106***	−0.0837***
	（−6.8518）	（−2.8991）
Industry	控制	控制
Year	控制	控制
N	3 062	1 084
R^2	0.0896	0.1367
R^2_a	0.0797	0.1113
F	9.0344	5.3755

注：括号内为 t 值；*表示 p<0.1，**表示 p<0.05，***表示 p<0.01；结果（1）和（2）中的控制权独立性与企业投资回归系数差异 suest 检验结果为：P=0.6143。

资料来源：由作者运用 STATA14.0 计算所得。

回归（1）表示在低股权集中度组控制权独立性与国有企业投资效率的关系，结果显示，董事与经理兼任程度与国有企业投资效率的回归系数为−0.0244，且在5%的水平上显著，这说明，当董事与经理兼任程度降低时，国有企业投资效率提高，假设8.1.2a得到验证。这说明对于竞争类行业的国有企业，董事会独立性随着混合所有制改革的推进而不断提高，董事会监督职能得到有效发挥，有效降低"第一类代理问题"，从而提高国有企业治理效率。

回归（2）报告了在高股权集中度组控制权独立性与国有企业投资效率的关系，结果显示，董事与经理兼任程度与国有企业投资效率的回归系数为-0.0115，未通过显著性检验。这可能是因为对于处于国有重要领域的国有企业或国有投资运营公司，虽由国家绝对控股，股权集中度较高，但由于其地位特殊，受国家监管程度较高，"所有者缺位"与"内部人控制"的情况相对较少，因此，随着董事与经理的兼任程度提高，并没有对企业投资绩效产生显著降低的影响，假设8.1.2b未得到验证。

综上所述，当股权集中度较低时，国有上市公司董事与经理兼任程度的降低有助于提高企业投资效率，进一步将国有企业混合所有制改革由"混"向"改"转变，完善企业监管机制、容错机制与激励机制；而当股权集中度较高时，国有上市公司董事与经理兼任程度的提高并没有显著降低企业投资效率，这也体现了国家分类改革的重要意义。因此，深化混合所有制改革，建立新时代的"新国有企业"，是我国国有企业面临的全新机遇与挑战。

8.2.5 稳健性检验

产生变量测量误差的内生性的原因之一，被解释变量的测量误差如果与解释变量相关，将导致回归估计结果有偏；若解释变量存在测量误差则会使回归方差增大。因此，为了缓解解释变量与被解释变量的测量误差，本节借鉴孙光国和孙瑞琪（2016）的做法，将样本分为董事长总经理两职合一组与非两职合一组重新对模型进行回归检验。

控制权独立性（董事经理兼任程度）稳健性检验见表8-6。回归（1）（2）（3）检验了非两职合一组，即董事长与总经理不兼任组控制权独立性对国有企业投资效率的关系，结果显示，两者的回归系数为-0.0168，不显著，这可能是因为影响董事会独立性的最主要因素为董事长与总经理交叉任职情况。回归（4）（5）（6）则检验了两职合一组控制权独立性与国有企业投资效率的关系，可以看出，董事经理兼任程度与混合所有制改革国有企业投资效率的回归系数为−0.0518，且在10%的水平上显著，这证实了假设8.1.1a，说明投资效率会随着交叉任职情况的增多而降低。

表8-6　　　控制权独立性（董事经理兼任程度）稳健性检验

项目	(1) 投资效率 Inv	(2) 过度投资 OverInv	(3) 投资不足 UnderInv	(4) 投资效率 Inv	(5) 过度投资 OverInv	(6) 投资不足 UnderInv
	非两职合一组			两职合一组		
dsjldualRate	−0.0168	−0.1559	0.1559	−0.0518*	−0.1693	0.1693
	(−1.6320)	(−1.3075)	(1.3075)	(−1.7740)	(−0.4843)	(0.4843)
Size	0.0028***	0.0759***	−0.0759***	0.0024	0.0084	−0.0084
	(5.1601)	(12.0078)	(−12.0078)	(1.3835)	(0.4032)	(−0.4032)
Return	0.0008	0.0625***	−0.0625***	−0.0042	0.1687***	−0.1687***
	(0.4557)	(3.1557)	(−3.1557)	(−0.7735)	(2.6288)	(−2.6288)
Grow	−0.0167***	0.1346***	−0.1346***	−0.0268***	0.1218**	−0.1218**
	(−11.7578)	(8.1736)	(−8.1736)	(−5.5755)	(2.1205)	(−2.1205)
Lev	−0.0044	−0.1330***	0.1330***	−0.0019	0.2326	−0.2326
	(−1.1557)	(−3.0030)	(3.0030)	(−0.1575)	(1.6331)	(−1.6331)
Cash	−0.0091	−0.3905***	0.3905***	0.0405*	0.1178	−0.1178
	(−1.3015)	(−4.8361)	(4.8361)	(1.7805)	(0.4335)	(−0.4335)
Age	0.0021	0.0715***	−0.0715***	0.0117***	−0.0880	0.0880
	(1.4244)	(4.1400)	(−4.1400)	(2.6049)	(−1.6366)	(1.6366)
Board	−0.0018	0.0620	−0.0620	−0.0252**	0.2081	−0.2081
	(−0.5127)	(1.4814)	(−1.4814)	(−2.0166)	(1.3938)	(−1.3938)
cons	−0.1022***	−1.4281***	2.4281***	−0.0431	−0.1756	1.1756**
	(−6.9259)	(−8.3353)	(14.1720)	(−0.9554)	(−0.3256)	(2.1806)
Indusy	控制	控制	控制	控制	控制	控制
Year	控制	控制	控制	控制	控制	控制
N	3 731	3 731	3 731	415	415	415
R^2	0.0879	0.0977	0.0977	0.1781	0.1511	0.1511
R^2_a	0.0798	0.0896	0.0896	0.1139	0.0848	0.0848
F	10.8028	12.1308	12.1308	2.7745	2.2789	2.2789

注：*表示 $p<0.1$，**表示 $p<0.05$，***表示 $p<0.01$；括号内为 t 值。

资料来源：由作者运用STATA14.0计算所得。

鉴于此，本书认为，第8.2节控制权独立性与投资效率基础回归在考虑可能存在的内生性问题后依然成立，具有结论的可靠性和模型的稳健性。

随后，考察控制权独立性、股权集中度与投资效率检验结果的稳健性。由于度量误差可能会导致实证结果产生偏误，本节采用"第一大股东持股比例÷第二至第十大股东持股比例之和"替代"第一大股东持股比例"衡量股权集中度，并按照股权集中度中位数进行分组，对样本重新进行实证检验。

表8-7报告了在考虑股权集中度情况下控制权独立性与参与混合所有制改革国有企业投资效率的关系。回归（1）的结果显示，在低股权集中度组，董事与经理兼任程度与投资效率的回归系数为-0.0415，且在1%的水平上显著，这进一步证实了假设8.1.2a的可靠性，说明随着董事与经理兼任程度的降低，国有企业投资效率得到改善。同时，低股权集中度组与高股权集中度组的似无相关估计（suest）检验显示，P值为0.0255，说明两组系数在5%的水平上具有显著差异。

表8-7　　　考虑股权集中度的控制权独立性稳健性检验结果

项目	（1）	（2）
	投资效率（Inv）	投资效率（Inv）
	低股权集中度组	高股权集中度组
dsjldualRate	-0.0415***	0.0046
	（-2.8316）	（0.3664）
	chi2（1）=4.99；Prob>chi2=0.0255	
Size	0.0030***	0.0029***
	（3.8225）	（4.1751）
Return	-0.0008	0.0022
	（-0.3174）	（0.9978）
Grow	-0.0201***	-0.0137***
	（-10.2321）	（-7.3145）

续表

项目	（1）投资效率（Inv）低股权集中度组	（2）投资效率（Inv）高股权集中度组
Lev	0.0019	−0.0112**
	(0.3454)	(−2.3936)
Cash	−0.0022	−0.0135
	(−0.2145)	(−1.5271)
Age	0.0003	0.0055***
	(0.1587)	(2.7594)
Board	−0.0052	−0.0001
	(−0.9272)	(−0.0314)
cons	−0.0953***	−0.1087***
	(−4.5570)	(−5.8201)
Industry	控制	控制
Year	控制	控制
N	2 038	2 108
R^2	0.1104	0.0876
R^2_a	0.0962	0.0731
F	7.7722	6.0317

注：括号内为 t 值；*表示 $p<0.1$，**表示 $p<0.05$，***表示 $p<0.01$；结果（1）和（2）中控制权独立性与企业投资回归系数差异 suest 检验结果为：$P=0.0255$。

资料来源：由作者运用 STATA14.0 计算所得。

因此，通过替代变量的稳健性检验可以看出，股权集中度作为调节变量的模型具有稳健性。

8.3 本章小结

本章选取 2013—2017 年参与混合所有制改革国有上市公司样本及其对应的财务与公司治理相关数据，实证检验了控制权独立性对国有企业投资效率，过度投资以及投资不足的影响。通过实证研究发现，混合所有制改革国有企业董事与经理兼任程度维持在 15% 左右，即交叉任职情况在国有企业中普遍存在，且随着兼任程度的加重，投资效率不断下降。在考虑可能存在的内生性问题之后，本章运用替代变量、自变量滞后一期等方法重新回归之后，依然得到了稳定的结论。

根据本章研究结论，可以得到以下启示：第一，建立董事会保护机制，确保董事会独立性的有效发挥。长期以来，国有企业由于内部治理结构以及监管机制的局限性，使得企业内部董事比例较高，两职兼任情况较为普遍，董事会独立性较低，从而导致国有企业内部监管成本较高，经理层通过追求"控制权收益"获得个人利益满足。然而，董事会过度独立性将导致企业内部创新能力削弱，经理层由于被过度监管而"畏首畏尾"。这就要求国有企业探索适当的董事会独立性，董事与经理部分适度兼任来保证国有企业治理结构的合理与管理创新的有效；第二，将我国独立董事制度落到实处。在中国经济"新常态"背景下的国有企业，将面临来自国内制度、市场以及监管等多方面的变化以及全球经济一体化带来的挑战，企业内部治理结构的完善，是国有企业应对机遇，健康发展的基石。独立董事作为董事会的主要成员之一，是我国国有企业董事会结构与内部治理结构的重要因素。将以往的独立董事制度"去花瓶化"，发挥独立董事的警示与监督作用，减少国有企业"内部人控制"与"机会主义行为"，既是公司治理所必需的，又是提高国有企业治理效率的必要路径。第三，在混合所有制改革浪潮下，建立股权结构基础上的国有企业内部治理结构。混合所有制改革要求国有企业引入非公有制经济，实现以非国有资本置换国有资本的方式促进国有企业股权结构的合理布局，而非国有资本的参股将使其参与董事会决策，企业运营管理，从而改变国有企业治理结构。此时，国有资本与非国有资本的融合应为企业增加新的活力与智慧，实现国有资本的保值增值与增效发展。

第9章 研究结论、政策建议与研究展望

纵观全书，本章将对前文所有研究工作进行梳理与总结，并提出在当前混合所有制改革的大背景下，国有企业提高投资效率与公司治理效率、完善现代企业制度以及应对经济全球化挑战的政策建议。同时，由于作者能力有限以及本书研究的局限性，本书所研究内容在今后的工作中还需进一步完善。

9.1 研究结论

9.1.1 研究工作

本书以2013—2017年我国国有上市公司为研究对象，在混合所有制改革背景下，围绕国有企业控制权配置特征，股权结构与投资效率的关系展开理论分析与实证检验。本书研究内容主要如下：

（1）系统地梳理了企业投资效率理论基础与内部影响因素、控制权配置含义、影响因素以及经济后果相关研究，并由此得出研究控制权配

置特征与企业投资效率的可行性与创新性。

（2）深入地分析了国有企业混合所有制改革历程与现状、控制权配置改革的原因与意义，以及混合所有制国有企业控制权控制特征的理论依据及测度方法，为本书研究控制权配置特征提供理论依据、政策前提与实证支撑。

（3）从国泰安（CSMAR）数据库与东方财富网股东研究专题获取2013—2017年国有上市公司财务数据、董监高个人特征数据以及企业股东构成信息，之后进一步手工整理，实证检验了国有包括控制权集中性、对等性、独立性以及制衡性在内的企业控制权配置特征对投资效率的影响，同时运用2SLS、自变量滞后一期以及替代相关变量等方法对实证模型进行稳健性检验。

（4）从国泰安（CSMAR）数据库获取股权结构相关数据，按照股权集中度与股权制衡中位数进行分组，实证检验了在考虑股权集中度与股权制衡情况下国有企业控制权配置特征对投资效率与非效率投资的影响。

9.1.2 研究结论

本书以2013—2017年混合所有制改革国有上市公司经验数据为研究对象，采用国泰安（CSMAR）等数据库的数据，进行理论分析并采用实证方法检验了国有企业控制权配置特征对投资效率、过度投资以及投资不足的影响机理，得出以下结论：

（1）在我国混合所有制改革国有企业的背景下，以及国有企业股权结构发生变化的基础上，企业内部控制权重新配置，并呈现出控制权对等性、制衡性、集中性以及独立性四种特征，它们分别对混合所有制改革国有企业投资效率产生不同程度的影响。从整体效果来看，本次混合所有制改革中的控制权配置改革可以显著提高混合所有制改革国有企业投资效率。

（2）以"第一大股东董事占比与股权占比比例"衡量控制权对等性，根据实证研究结论，混合所有制改革国有企业控制权对等性与过度投资显著正相关，与投资不足水平显著负相关。对于混合所有制改革国有企业来说，随着第一大股东控制权对等性的降低，投资不足的情况增多，但过度投资的情况有所缓解。

（3）以"第二至第十大股东董事数与第一大股东董事数比例"衡量控制权制衡性。研究表明，控制权制衡性越高，混合所有制改革国有企业过度投资水平越高，而投资不足水平得到有效缓解。这说明混合所有制改革后，异质性董事间的控制权制衡是一把"双刃剑"，合理安排混合所有制企业控制权制衡水平有利于提高企业的投资效率，缓解非效率投资行为。

（4）以"实际控制人控制权比例"表示控制权集中性。实证检验结果表示，控制权集中性与过度投资显著负相关，与投资不足显著正相关。在国有企业中，控制权集中程度的降低可缓解投资不足行为，却使过度投资严重化。

（5）以"董事与经理兼任程度"衡量控制权独立性，从实证结果可以看出，控制权独立性的提高将显著改善混合所有制改革国有企业投资效率低下，缓解投资不足，说明在混合所有制改革下，国有企业控制权结构改革对控制权独立性的保证具有重要意义。

（6）考察股权结构对控制权配置特征与混合所有制改革国有企业投资效率关系的调节作用。在股权集中度较高的组，控制权制衡性对混合所有制企业投资不足的缓解与过度投资的恶化更为显著；在股权集中度较低的组，控制权独立性对投资效率的提升也更为明显。在高股权制衡组，控制权非对等性对混合所有制改革国有企业过度投资的改善与投资不足水平的恶化更为显著；同时，随着控制权集中性的降低，混合所有制改革国有企业投资效率显著提高，且投资不足水平有所缓解，而过度投资情况显著恶化。在低股权制衡组，较低的控制权集中度则更有助于提高混合所有制改革国有企业投资效率。

综上，本书实证结果支持了理论分析中的研究假设，在我国国有企业改革与混合所有制改革的大背景下，控制权配置改革对国有企业投资效率产生重要影响。

9.2 政策建议

9.2.1 积极推进国有企业控制权配置改革

国有企业混合所有制改革，不但要优化股权结构改革，而且要优化控制权结构改革，合理确定控制权的对等性、制衡性、集中性、独立性，将控制权配置保持在合理水平，防止过高或过低的极端配置。特别是应根据国有企业类型，分类分层推进企业内部控制权配置改革，优化国有资本配置，提高国有企业的运行效率，完善国有经济布局，从活力、影响力、控制力和抗风险能力四个维度全面提升国民经济水平。

第一，应分类推进国有企业混合所有制改革。2015年9月，国务院印发了《关于国有企业发展混合所有制经济的意见》。《意见》指出，推动混合所有制经济发展，是国有企业改革走向纵深的必经之路。对于不同类别的国有企业，应采取不同的混合所有制改革策略，混合所有制改革后的控制权配置应根据类别不同有所区分：其一，对处于充分竞争的行业或领域的国有企业，应采取持续推进的混合所有制改革策略，在国有资产保值增值的基础上，探索利用国有资本撬动更大体量资本的功能。具体来说，对于这类企业，混合所有制改革的根本性目的是改变过去由"一股独大"造成的控制权过于集中的问题。因此，通过混合所有制改革，选举形成新的董事会，增加部分非国有董事，将一部分控制权转移至非国有资本，减少国有董事人数，进而激励非国有资本积极参与混合所有制改革，利用非国有资本对当前形势下的市场、对经济全球化、对数字化经济的深入了解与充分认识，提高企业活力与市场竞争力，增加企业经济效益，实现国有资本的增值；其二，对处于重要行业或关键领域的国有企业，混合所有制改革应在保持国家为第一大股东的前提下，鼓励外部非国有股份参与进来，重新配置企业的控制权、所有权，并适当增加非国有董事人数，在保证国有资本的绝对控制下，提高非国有资本控制权比例，既达到保护国有资本完整性的目的，又得以促进国有企业创新，同时提升国有企业的市场竞争力，从而完善国有企业的治理结构。

第二，分层推进国有企业混合所有制改革。根据国务院《关于国有企业发展混合所有制经济的意见》，推进混合所有制改革要将国有企业分为集团层面与子公司层面来分别看待。对于集团层面，推进混合所有制改革首先要明确国有资本，尤其是国家明确规定的特定行业内国有资本的绝对控股和绝对控制，继而通过混合所有制改革完善多元化股权结构，并适当增加非国有资本董事，提升公司治理能力，形成市场化经营机制；对于子公司层面，在有序推进混合所有制改革的同时，应适当加大科技类、生产类、服务类企业的多元化力度，提高非国有资本董事比例，充分发挥非国有资本的创新活力与市场灵活度，改进企业经营管理体制，使其高效化、灵活化，并最终达到提升企业综合实力，增加企业经营效益的目标。

9.2.2　不断完善国有企业董事会建设

2017年4月，国务院办公厅印发的《关于开展落实中央企业董事会职权试点工作的意见》明确提出企业董事会职能，作为股东会的业务执行机关，董事会是企业最重要的决策和管理机构。目前，国有企业治理面临的一大难题就是董事会虚置。故而，加强董事会建设，依法落实董事会职权，是现阶段亟待解决的问题。解决此问题，应当从以下几个方面入手：

第一，改变董事会组成结构，充分发挥国有董事与非国有董事各方的优势。推进混合所有制改革，切忌采取"一刀切"的形式，要根据不同企业"分类、分层"实施，形成符合各自企业特点的股权结构。在多元化股权结构中，不同股权比例决定了国有资本对企业控制力的大小，而控制力的大小在公司管理层面则体现于董事会结构当中。在未进行混合所有制改革之前，国有企业往往面临国资"一股独大"的困境，股权集中度较高，导致国有董事占比过大。通过混合所有制改革，引入外部股东，构建多元产权主体，董事会结构则会相应发生改变，非国有董事人数增加，形成国有董事与非国有董事既相互依存又相互制约的董事会结构，继而改进董事会决策流程与决策效果。加强董事会多元化建设，既保护了国有资本不受损失，又改善了代理问题，进而降低治理成本；同时，还可以充分放大国有董事、非国有董事二者各自的优势，达到"1+1大于2"的效果，从而提高企业市场活力与竞争力。

第二，提高董事会独立性。作为独立于股东会与经理层的机构，董事会在决策过程中不偏向于任意单个利益方，独立、公正地行使手中的权力，以达到其最终目标：维护股东权益，实现股东财富的最大化。因此，在构建董事会的过程中，既要注重机构的设置、董事个人的能力与经验，又要注重保持董事会的独立性。独立程度是衡量公司治理有效性的重要标尺，它关系到董事会是否能排除少部分所有者或内部人的操纵，从而公正地行使权力，做出决策，尽全力维护各方利益，保障股东价值的增长。董事会的独立性，一般来讲可以使用公司董事会独立董事的数量与质量，以及董事层与经理层的重合程度确定。我国《公司法》明确指出，股东大会选举董事人选，代替股东管理公司资产。股东与董事，二者之间的是基于信任的委托代理关系。一方面，董事需利用自身的能力与经验，独立判断，独立决策，独立发表意见，独立行使权力并且独立承担责任。虽然根本上来说，是董事会将权力授予董事，作为单一个体的董事没有直接权力。但当面对企业重大决策时，董事具有独立表决权并独立承担相应责任，因此，董事已经成为公司重大决策权的实际拥有者。另一方面，董事同时也是独立的个体，具有独立的利益需求。其利益主要通过忠诚履行董事职责，获取企业所有者的信任，取得相应的职业薪酬，同时通过在董事岗位的工作不断磨练自身的能力与声誉。董事如要做到忠诚履职，必须抛弃个人利益，以完全独立于任意利益方的姿态，从股东利益最大化的角度出发，履行好董事会的决策表决职责，完成企业所有者的信任委托责任。董事会在公司治理层面当中，是作为一个由股东大会选举产生但又具有独立性的整体而存在的，这种独立性还体现在法律上。为保护董事会的独立决策不受侵犯，法律规定董事会有经营管理决策权；但同时又规定，一旦董事会的决策被证明不符合企业所有者的利益致企业所有者遭受损失，则其将面临被起诉并承担民事赔偿责任的风险。因此，实际上来说董事会是对每一个董事所做不同决策的纠错机构：在决策过程中，通过董事会的决策程序，对不同观点进行冲突碰撞、去芜存菁、再次糅合，最终形成符合企业全部所有者利益的决策。良好的董事会决策机制，是保障决策效率，克服董事个人可能的独立性问题，提高决策效益的坚实保障。

第三，完善独立董事制度。证监会在2001年的《关于在上市公司建立独立董事制度的指导意见》中指出，上市公司应当设立独立董事。自文件出台之后，独立董事的"独立"程度，则成为学界以及实务界一直以来广泛探讨的问题。独立董事，顾名思义，就是对外独立于公司所有者，对内独立于公司经营层，既不在公司任职，又不与公司发生经济业务的董事。独立董事往往具有较高的专业水平。他们通过董事会的决策程序，利用自身专业技能，积极参与公司事务，并判断其是否符合公司目标，以此起到对公司的监督作用以及对所有者的警示作用。但是，自文件出台近20年来，独立董事制度一直存在"独立性"方面的问题。据统计，目前国内上市企业独立董事比例仅占30%，比例较低，缺乏公司决策话语权。同时，目前国内企业还往往存在"内部人控制""两职合一""退休经理当董事"等问题，导致股东大会选举出的董事不能站在公司整体的高度上，代表股东利益，为全体所有者负责。

增强独立董事的"独立性"，完善我国企业治理结构，可以从以下三方面入手：其一，将上市公司自身以及全体股东的利益明确列为独立董事的负责对象与最终目标。根据独立董事的定义，独立董事的职责包含为企业提供咨询和进行监督，促进公司整体利益增长。但现阶段企业独立董事往往陷入"为个别股东负责"的怪圈。实际上，在股东会内部，由于公司所有者的多元化，导致股东间也常常存在利益冲突。故而独立董事应当保持绝对中立，运用自身的专业技能水平，坚持以"为公司整体负责"为原则，履行好监督职责，为公司整体效益提升负责，更是为了"全体股东利益"负责。其二，加快组建全国范围的独立董事协会，由协会出面创设独立董事人才库，并完成对独立董事的考核培训等相关工作。协会成立后，规范上市公司的独立董事选聘办法，将过去的上市公司自由选聘改为上市公司书面申请，独立董事协会统一指派的模式，并且随着全国性的独立董事协会建立，可以广泛尝试开展异地独立董事制度，通过异地选派的方式规避过去独立董事本地化带来的监督力度不足等问题。其三，规范独立董事薪酬制度，将独立董事薪酬纳入独立董事协会统一管理的范围，由协会统一发放。独立董事运用自身专业素质及个人能力为上市公司提供服务，在履职尽责的基础上，应取得相应的报酬，而报酬的来源则是通过协会向上市公司收取后再统一发放。通过这套薪酬制度，不仅可以提高独立董事的工作积极性，提高独立董事地位，而且可以减少利益因素对独立董事决策的影响，从而进一步保证独立董事的独立性。综合以上三个方面可以看出，只有进一步健全、规范国有企业独立董事制度，才能不断推进国有企业治理结构合理化、高效化，充分发挥独立董事在国有企业治理中的积极意义，是未来国有企业改革的必经之路。

9.2.3　持续改进混合所有制改革制度

（1）加强产权制度建设。

进一步完善产权制度，保护产权所有者的使用、收益、处置等相关权利。真正做到依法落实混合所有制企业各出资人的产权。同时，加强在法律相关流程中，包括立法、司法、执法，对多种所有制经济下的各类产权及相关利益的平等保护。

（2）建立"同股不同权"双重股权架构制度。

过去来说，"同股同权"这种股权与决策权保持对等的制度是公司治理的基本原则。随着现代公司治理模式的不断发展，为适应不断变化的资本市场，逐渐产生了"同股不同权"的公司治理结构。在这种股权结构下，即便持有相同的股份，各股东对公司经营过程中的决策权、收益权和监督权也不对等，由此产生了所有权与控制权不对称的治理模式。采取"同股不同权"的公司治理模式，主要目的是既满足企业的融资需要，又可以保障创始股东对公司的控制力以加强企业的持续增长能力。对于目前的国有企业混合所有制改革来说，可以考虑纳入这种新型的股权模式，将处于不同行业不同地位的国有企业进行分类，从实际出发，根据企业的国有资本管控力度大小，有选择地采用"同股不同权"的股权模式，充分发挥非对等的控制权配置优势，从而形成适合企业发展的股权与控制权模式，降低公司的治理成本，提高公司治理效率。

（3）加快健全法律法规制度。

持续推进相关法律法规的完善，从法律角度保障混合所有制经济改革有法可依。按照国有企业混合所有制改革的需要，紧锣密鼓地开展对公司法、企业国有资产法以及其他相关法律制度中所涉条文的研究，将产权保护、AB股、准入与退出和公平竞争等几方面作为重点，确定相关条文的增删、修改内容，并严格按照法定程序推进修改。

（4）完善国有企业混合所有制改革政策。

加快解除涉及国有企业混合所有制改革的政策限制，简政放权，审批权下放，为企业依法自主经营"解绑"。同时，要解决好涉改企业原有职工的相关问题，保障其劳动、社保等合法权益不受侵犯，做好稳定工作。此外，还需推进剥离涉改企业"企业办社会"工作，减轻企业负担，让混合所有制改革过后的企业可以轻装上阵，从而实现企业的高质量发展。

9.3 研究展望

本书将我国国有企业混合所有制改革作为切入点，以我国国有上市公司为研究对象，从国泰安（CSMAR）数据库以及国家统计局、东方财富网等网站获取并手工整理了国有上市公司股权结构、董事会结构、董监高个人特征、公司财务以及企业投资等数据指标，进行理论分析并采用实证方法检验了由混合所有制改革引发的控制权配置改革及其特征对国有企业投资效率的影响，同时研究了国有企业股权结构对控制权配置各特征与投资效率关系的调节作用。然而，由于作者时间、能力，文章篇幅，以及数据可得性的限制等原因，仍有很多问题并未展开详尽的论述，需在后续的研究工作中不断改进与完善。

9.3.1 关于国有企业控制权配置特征分类的问题

基于前人对控制权配置的相关研究，借鉴企业内部股权结构各特征，参考2015年国资委、财政部以及发改委联合发布的《关于国有企业功能界定与分类的指导意见》和2015年中共中央、国务院印发《关于深化国有企业改革的指导意见》等对国有企业混合所有制改革与国有企业功能界定的指导意见，本书将国有企业控制权配置特征界定为：控制权对等性、控制权制衡性、控制权集中性，以及控制权独立性。首先，以上四项特征的划分具有一定的理论依据与政策支撑，但对控制权各职能的界定缺乏更深入的理论剖析，且有些特征之间存在一定的性质重合，会对控制权配置特征与企业投资效率的关系产生一定影响。其次，由于研究可能存在的缺陷，控制权配置特征仍需进一步扩充与完善，特别是在国有企业混合所有制改革的进一步推进过程中，各项改革措施相继落地，各类型国有企业由于职能定位的差异，在改革举措上也存在一定不同。因此，可进一步研究各类国有企业混合所有制改革政策背景，持续完善国有企业控制权配置特征，如控制权混合度、控制权共同度等在后续研究中也可以加以考虑。最后，由于"企业集团化"的发展趋势，企业内部控制权配置特征也将在母公司与子公司间"求同存异"，同时，根据混合所有制改革的分层次推进，在今后的研究中可以进一步研究集团公司控制权配置特征的界定。

9.3.2 关于国有企业控制权配置特征测度的问题

根据 Grossman 和 Hart（1988）提出的"不完全契约理论"，在契约中对未被提及资源的配置与控制能力，即"剩余控制权"才是公司治理的主控权，一般包括对企业重大决策的审批、监督与决策。上述所涉及的各项权利即为董事会的相关权利（刘汉民等，2018）。因此，本书采取第一大股东董事占比与股权占比比例度量控制权对等性，董事与经理兼任程度度量控制权独立性，以及第二、第三大股东董事占比与第一大股东董事占比度量控制权制衡性，均是从董事会结构出发的，并具备一定的合理性。

然而，由于手工操作的主观性、董监高个人相关简历信息的缺失以及其他信息的不完整，对某一股东董事数等的统计会存在一定误差。在今后的研究中，应进一步完善数据，建立对控制权配置特征更加科学、完整的测度模型与方法。

9.3.3 关于控制权配置特征与投资效率关系的调节变量选择的问题

混合所有制改革后，国有企业股权结构发生改变，股权趋于多元化，非国有资本参股国有企业。本书以股权集中度与股权制衡水平反映国有企业的股权结构，考察股权结构对混合所有制改革国有企业控制权配置特征与投资效率关系的调节作用。

然而，上述两者关系还受到其他因素的影响。首先，外部因素的影响，如法治环境、宏观政策等；其次，内部因素的影响，如国有企业内部党组织的职能发挥、混合所有制改革后专业委员会以及监事会的完善、职业经理人制度的建立，以及混合所有制改革员工持股计划等，本书并未做出更加深入地研究。因此，在今后的研究中，可以就混合所有制改革后国有企业外部环境、内部机构设置、权责分配，以及人力资源等方面对控制权配置特征与投资效率关系产生的影响做进一步研究论证，具有一定的创新性与实用性。

参考文献

[1] 刘汉民，齐宇，解晓晴. 股权和控制权配置：从对等到非对等的逻辑——基于央属混合所有制上市公司的实证研究 [J]. 经济研究，2018（5）：175-189.

[2] 宋明. 保险行业公司治理监管迭代的取向与路径——以控制权规制为中心 [J]. 江海学刊，2018（4）：218-224.

[3] 杨志强，李增泉. 混合所有制、环境不确定性与投资效率——基于产权专业化视角 [J]. 上海财经大学学报，2018，20（2）：4-24.

[4] 李春玲，李瑞萌，袁润森. 国有企业混合所有制改革的投资效率 [J]. 企业经济，2017（4）：47：53.

[5] 杨兴全，尹兴强. 谁受到了货币政策的有效调控？——基于上市公司投资行为的研究 [J]. 会计研究，2017（4）：3-11.

[6] 王业雯，陈林，混合所有制改革是否促进企业创新？ [J]. 经济与管理研究，2017（11）：112-121.

[7] 韩晓洁. 国有企业混合所有制改革及其绩效研究 [D]. 深圳：深圳大学研究生学院，2017.

[8] 岳丽君. 高管权力与投资效率研究：基于内部控制与制度环境的双重视角 [J]. 北京：经济科学出版社，2019.

[9] 李海英，李双海，毕晓方. 双重股权结构下的中小投资者利益保护——基

于 Facebook 收购 WhatsApp 的案例研究 [J]. 中国工业经济，2017（1）：174-192.

[10] 郭婧. 政府干预、终极股权结构与公司治理效率 [D]. 太原：山西财经大学研究生学院，2017.

[11] 孙光国，孙瑞琪. 控股股东委派执行董事能否提升公司治理水平 [J]. 南开管理评论，2017，21（1）：88-98.

[12] 窦炜，马莉莉，刘星. 控制权配置、权利制衡与公司非效率投资行为 [J]. 管理评论，2016（12）：101-115.

[13] 王甄，胡军. 控制权转让、产权性质与公司绩效 [J]. 经济研究，2016（4）：146-160.

[14] 于晓红，胡蓉，姜百灵. 董事长总经理两职合一、盈余管理与过度投资 [J]. 会计之友，2016（16）：59-63.

[15] 黄海杰，吕长江，Edward Lee. "四万亿投资"政策对企业投资效率的影响 [J]. 会计研究，2016（2）：51-57.

[16] 刘晔，张训常，蓝晓燕. 国有企业混合所有制改革对全要素生产率的影响——基于 PSM-DID 方法的实证研究 [J]. 财政研究，2016（10）：63-75.

[17] 郑志刚，邹宇，崔丽. 合伙人制度与创业团队控制权安排模式选择——基于阿里巴巴的案例研究 [J]. 中国工业经济，2016（10）：126-143.

[18] 欧阳春花. 外部治理环境、代理成本与企业投资效率的关系研究 [D]. 西安：西北大学研究生院，2016.

[19] 甄红线，张先治，迟国泰. 制度环境、终极控制权对公司绩效的影响——基于代理成本的中介效应检验 [J]. 金融研究，2015（12）：162-177.

[20] 窦炜，刘星，韩晓宇. 控制权配置、投资者保护与投资效率——一个关于企业投资行为研究的综述 [J]. 中央财经大学学报，2015（1）：63-70.

[21] 谭庆美，陈欣，张娜，等. 管理层权力、外部治理机制与过度投资 [J]. 管理科学，2015（7）：59-70.

[22] 李延喜，曾伟强，马壮，等. 外部治理环境、产权性质与上市公司投资效率 [J]. 南开管理评论，2015，18（1）：25-36.

[23] 宋志平. 我的企业观 [M]. 北京：中信出版社，2014.

[24] 周瑜胜，宋光辉. 集中式股权结构、公司控制权配置与并购绩效——基于中国上市公司 2004—2012 年股权收购的证据 [J]. 山西财经大学学报，2014（8）：72-83.

[25] 朱海英. 控制权配置视角下上市公司股权激励效应的研究 [D]. 成都：西南财经大学，2014.

[26] 万丛颖. 控制权结构、政府层级与公司绩效——以中国战略性新兴产业为

例 [J]. 经济管理, 2014, 36 (5): 13-23.

[27] 王菁, 孙元欣. 资本市场的绩效压力与企业投资不足——股权制衡和两职兼任的调节作用 [J]. 山西财经大学学报, 2014 (4): 69-80.

[28] 干胜道, 胡明霞. 管理层权力、内部控制与过度投资——基于国有上市公司的证据 [J]. 审计与经济研究, 2014 (5): 40-47.

[29] 卢馨, 吴婷, 张小芬. 管理层权力对企业投资的影响 [J]. 管理评论, 2014, 24 (8): 168-180.

[30] 王茂林, 何玉润, 林慧婷. 管理层权力、现金股利与企业投资效率 [J]. 南开管理评论, 2014 (2): 13-22.

[31] 徐倩. 不确定性、股权激励与非效率投资 [J]. 会计研究, 2014 (3): 41-48.

[32] 黎文靖, 李耀涛. 产业政策激励了公司投资吗? [J]. 中国工业经济, 2014 (5): 122-134.

[33] 喻坤, 李治国, 张晓蓉, 等. 企业投资效率之谜: 融资约束假说与货币政策冲击 [J]. 经济研究, 2014 (5): 106-120.

[34] 刘慧龙, 王成方, 吴联生. 决策权配置、盈余管理与投资效率 [J]. 经济研究, 2014 (8): 93-106.

[35] 傅瑜, 申明浩. 控制权配置形式对企业关联交易的影响分析——基于A股家族类上市公司的实证研究 [J]. 当代财经, 2013 (5): 59-71.

[36] 叶建宏, 封丽萍, 汪炜. 投资者保护、公司特征与控制权配置 [J]. 经济与管理研究, 2013 (11): 5-13.

[37] 李香梅. 控制权私有收益对企业投资行为的影响研究——来自中国上市公司的数据 [D]. 山东: 山东大学研究生院, 2013.

[38] 刘行, 叶康涛. 企业的避税活动会影响投资效率吗? [J]. 会计研究, 2013 (6): 47-53.

[39] 张兆国, 刘亚伟, 亓小林. 管理者背景特征、晋升激励与过度投资研究 [J]. 南开管理评论, 2013, 16 (4): 32-42.

[40] 詹雷, 王瑶瑶. 管理层激励、过度投资与企业价值 [J]. 南开管理评论. 2013, 16 (3): 36-46.

[41] 曾爱民, 张纯, 魏志华. 金融危机冲击、财务柔性储备与企业投资行为——来自中国上市公司的经验证据 [J]. 管理世界, 2013 (4): 207-120.

[42] 徐细雄, 刘星. 金融契约、控制权配置与企业过度投资 [J]. 管理评论, 2012 (6): 20-26.

[43] 徐细雄, 刘星. 创始人权威、控制权配置与家族企业治理转型——基于国美电器 "控制权之争" 的案例研究 [J]. 中国工业经济, 2012 (2):

139-148.

[44] 周瑜胜. 异质性企业、控制权配置与公司价值——基于稳定制度背景下中国上市公司非平衡面板数据的实证 [J]. 山西财经大学学报, 2012, 34 (9): 85-95.

[45] 刘慧龙, 吴联生, 王亚平. 国有企业改制、董事会独立性与投资效率 [J]. 金融研究, 2012 (9): 127-140.

[46] 张丽平, 杨兴全. 管理者权力、管理层激励与过度投资 [J]. 软科学, 2012, 26 (10): 107-112.

[47] 陈艳艳, 罗党论. 地方官员更替与企业投资 [J]. 经济研究, 2012 (2): 18-30.

[48] 徐细雄, 吕金晶. 金融契约、控制权配置与管理者投资决策 [J]. 经济与管理研究, 2011 (8): 19-26.

[49] 吴斌, 黄明峰. 企业绩效、高管人力资本特征与控制权配置——基于我国中小企业板风险企业的经验数据 [J]. 中国软科学, 2011 (4): 161-174.

[50] 窦炜, 刘星, 安灵. 股权集中、控制权配置与公司非效率投资行为——股东的监督抑或合谋? [J]. 管理科学学报, 2011, 14 (11): 81-96.

[51] 陈德萍, 陈永圣. 股权集中度、股权制衡性与公司绩效关系研究——2007—2009 年中小企业板块的实证检验 [J]. 会计研究, 2011 (1): 38-43.

[52] 段云, 王福胜, 王正位. 多个大股存在下的董事会结构模型及其实证检验 [J]. 南开管理评论, 2011, 14 (1): 54-64.

[53] 朱冬琴, 陈文浩. 控制权、控制权与现金流权偏离度对并购的影响——来自中国民营上市公司的经验证据 [J]. 财经研究, 2010 (2): 121-131.

[54] 李维安, 钱先航. 终极控制人的两权分离、所有制与经理层治理 [J]. 金融研究, 2010, (12): 80-98.

[55] 王毅辉, 李常青. 终极产权、控制权结构和股利政策 [J]. 财贸研究, 2010 (2): 120-129.

[56] 赵卿. 国有控股上市公司过度投资问题研究 [D]. 广州: 暨南大学研究生院, 2010.

[57] 权小锋, 吴世农, 文芳. 管理层权力、私有收益与薪酬操纵 [J]. 经济研究, 2010 (11): 73-87.

[58] 杨记军, 逯东, 杨丹. 国有企业的政府控制权转让研究 [J]. 经济研究, 2010 (2): 69-82.

[59] 朱松, 夏冬林. 稳健会计政策、投资机会与企业投资效率 [J]. 财经研究, 2010 (6): 69-79.

[60] LI. LU.Does Flattening Government Improve Economic Performance? [J].

Journal of Development Economics, 2016 (123): 18-37.

[61] KRAUSE R, SEMADENI M, CANNELLA A. CEO duality: A review and research agenda [J]. Journal of Management, 2014, 40 (1): 256-286.

[62] GARG S. Venture boards: Distinctive monitoring andimplications for firm performance [J]. The Academy of Management Review, 2013, 38 (1): 90-108.

[63] JARRAD H, MARK H, RONAN P. The sources of value destrction in acquisitions by entrenched managers [J]. Journal of Financial and Economics, 2012, 106 (2): 247-261.

[64] HOECHLE D, SCHMID M, WALTER I, et al. How Much of the Diversification Discount Can Be Explained by Poor Corporate Governance? [J]. Journal of Financial Economics, 2012, 103 (1): 41-60.

[65] SCOTT F, HOJE J, SHIB C. Agency Problems in Stock Market-driven Acquisitions [J]. Review of Accounting and Finance, 2011 (6): 388-430.

[66] FRESARD L, SALVA C. The value of excess cash and corporate governance: Evidence from US cross-listings [J]. Journal of Financial Economics, 2010, 98 (2): 359-384.

[67] FACCIO M. Differences between Politically Connected and Nonconnected Firms: A Cross-country Analysis [J]. Financial Management, 2010, 39 (3): 905-928.

[68] DOIDGE C, KAROLYI G, LINS K. Private Benefits of Control Ownership, and the Cross-listing Decision [J]. Journal of Finance, 2009, 64 (1): 425-466.

[69] BILLETT, QIAN. Are Overconfidence Managers Born or Made? Evidence of Self-Attribution Bias from Frequent Acquirers [J]. Management Science, 2008, 54 (6): 1037-1051.

[70] MICHAEL F, CHEN L, SONIA M. Leverageand Investment under a State-owned Bank Lending Environment: Evidence from China [J]. Journal of Corporate Finance, 2008, 14 (5): 642-653.

[71] COLES J L, DANIEL, NAVEEN. Boards: Does One Size Fit All? [J]. Journal of Financial Economics, 2008 (87): 329-356.

[72] ALMEIDA H, DANIEL W. A theory of pyramidal ownership and family business groups [J]. Journal of Finance, 2006 (61): 2637-2680.

[73] CHEN J, CHEN D, CHUNG H. Corporate Control, Corporate

Governance and the Performance in New Zealand [J]．International Journal of Disclosure and Governance，2006（4）：263-276.

[74] RICHARDSON S.Overinvestment of Free Cash Flow [J]．Review of Accounting Studies，2006（11）：159-189.

[75] MAURY B，PAJUSTE A. Multiple large shareholders and firm value [J]. Journal of Banking and Finance，2005，29（7）：1813.

[76] KAPLAN S，STROMBERG P.Characteristics，Contracts，and Actions：Evidence From Venture Catalist Analysis [J]．Journal of Finance，2004，59（5）：2177-2210.

[77] PHILIPPE A，PATRICK R，MATHIAS D. Transferable Control [J]．Journal of the European Economic Association，2004，2（1）：115-138.

[78] BEBCHUK L，FRIED J M.Pay without performance：Overview of the issues [D]．Byerly Hall：Harvard University，2004.

[79] DYCK A，ZINGALES L. Private Benefits of Control an International Comparison [J]．Journal of Finance，2004，59（4）：537-600.

[80] CORNELLI F，YOSHA O. Stage Financing and the role of convertible debt [J]．Review of Economic Studies，2003，70（1）：1-32.

[81] RAJESH K.Empire builders and shirkers：Investment，Firm Performance and Managerial Inventives [J]．Working Paper，2003.

[82] SUN Q，TONG W.China Share Issue Privatization：The Extent to Its Success [J]．Journal of Financial Economics，2003（70）：183-222.

[83] KLAUS P G，DENNIS C，MUELLER B. Burcin Yurtoglu. Corporate Governanve and the Returns on Investment [J]．Working Paper，2003（6）．

[84] BAE，KEE H，KANG J K，et al.Tunneling or value added? Evidence from mergers by Korean business groups [J]．Journal of Finance，2002（12）：2695-2740.

[85] DESSEIN，WOUTER. Authority and Communication in Organization [J]. Review of Economic Studies，2002，69（4）：811-838.

[86] BEBCHUK，FRIED W. Managerial Power and Rent Extraction in the Design of Excutive Compensation [J]．University of Chicago Law Review，2002（69）：751-846.

[87] RAJGOPAL S，TERRY J S.Empirical Evidence on the Relation between Stock Option Compensation and Risk Taking [J]．Journal of Accounting

and Economic, 2002, 33 (2): 145-171.

[88] DATTA S, MAI I D, KARTIK R. Executive Compensation and Corporate Acquisition Decisions [J]. Journal of Finance, 2001, 56 (6): 2299-2336.

[89] RAWSKI, THOMAS G. What is Happening to China's GDP Statistics? [J]. China Economic Review, 2001, 12 (4): 347-354.

[90] CLAESSENS, STIJIN, SIMEON D, et al. The Separation of Ownership and Control in East Asian Corporateions [J]. Journal of Financial Economics, 2000 (9): 457-471.

[91] ANDERSON R, FRASER D R. Corporate Control, Bank Risk Taking, and the Health of Banking Industry [J]. Journal of Bankingand Finance, 2000, 24 (8): 1383-1398.

[92] LA P, LOPEZ, SHLEIFER. Corporate Ownership around the World [J]. Journal of Finance, 1999 (54): 471-517.

[93] AGHION P, TIROLE JEAN. Formal and Real Authority in Organizations [J]. Journal of Political Economy, 1997, 105 (1): 1-29.

[94] NOE T H, REBELLO M J. Renegotiation, investment horizons and managerial discretion [J]. The Journal of Business, 1997, 70 (3): 385-407.

[95] MYERS S C. Determinants of Corporate Borrowing [J]. Journal of Financial Economics, 1997, 5 (2): 147-175.

[96] BOYKO M, SHLEIFER A, VISHNY R. A theory of privatization [D]. Mimeo: Harvard University, 1995.

[97] HART O, MOORE J. Debt and Seniority: an Analysis of the Role of Hard Claims in Constraining Management [J]. American Economic Review, 1995 (85): 567-585.

[98] AGHION P, BOLTON P. An Imcomplete Contracts Approach to Financial Contracting [J]. Review of Economic Studies, 1992, 59 (3): 473-494.

[99] LIPTON M, LORSCH J. "A Modest Proposal for Improved Corporate Governance" [J]. Business Lawyer, 1992, 48 (1): 59-77.

[100] SHAPRIO C, WILLIG R D. Economic Rationales for the Cope of Privatization [M]. London: Westview Press, 1990: 55-87.

[101] JENSEN M C, MURPHY K J. Performance pay and top management incentives [J]. Journal of Political Economy, 1990, 98 (2): 225-263.

[102] BANTEL K A, JACKSON S E. Top Management and Innovations in

Banking: Does the Composition of the TopTeam Make a Difference? [J]. Strategic Management Journal, 1989 (10): 107-124.

[103] HARRIS M, RAVIV. The Design of Securities [J]. Journal of Financial Economics, 1989 (24): 203-234.

[104] BERNANKE B, GERTLER M.Agency Costs, Net Worth, and Business Fluctuations [J]. American Economic Review, 1989 (79): 14-31.

[105] GROSSMAN S, OLIVER H.One Share-One Vote and the Market for Corporate Control [J]. Journal of Financial Economics, 1988 (20): 175-202.

[106] NARAYANAN M R.Debt versus equity under asymmetric information [J]. Journal of Financial and Quantitative Analysis, 1988, 23 (1): 39-51.

[107] JENSEN M C.Agency costs of free cash flow, corporate finance, and takeovers [J]. The American Economic Review, 1986, 76 (2): 323-329.

[108] SHLEIFER A, VISHNY R W. Large shareholders and corporate control [J]. Journal of Political Economy, 1986, 94 (3): 461-488.

[109] HOLMSTROM B, Costa J R. Managerial incentives and capital management [J]. The Quarterly Journal of Economics, 1986, 101 (4): 835-860.

[110] JENSEN M, RUBACK R S. The Market for Corporate Control: the Scientific Evidence [J]. Journal of Financial Economics, 1983 (11): 5-50.

[111] BERLE A, MEANS G.The modern corporation and private property [M]. New York: Macmillan Revised Edition, 1932.

索引

后记

　　"宝剑锋从磨砺出，梅花香自苦寒来。"时至今日，在本书即将完结之际，回首博士求学以及在本书写作过程中遇到的种种艰难险阻，不禁令人感慨。之所以能够克服重重困难，逢山开道，遇水搭桥，除却自身奋力拼搏外，皆因求学之路上有各位老师、同学和家人们不计回报、一如既往的付出与帮助。岁月易逝，时光易老，但各位于我的丝丝恩情，却已在我心底生根发芽，并终将绽放出感恩的花朵，历久弥香。

　　"博学之，审问之，慎思之，明辨之，笃行之"一直是我的导师郭泽光教授对我的要求。博士论文之所以顺利完成，首要感谢郭老师。郭老师从文章结构、思路逻辑、措辞语句等进行了全方位指导。大到全书结构的调整，小到一处词句的改正，每一次恰到好处的修改都是郭老师在繁忙的工作之余，牺牲自己宝贵的休息时间，用他的学识与智慧，逐字逐句批改圈正，不断对词句进行完善、打磨，常常修改直至深夜。每思及此，更加鞭策自己在艰难的学术道路上奋蹄前行。郭老师广博的学术视野，深刻的思想内涵，卓越的理论高度，严谨的治学态度，丰富的社会实践，超群的人格魅力无一不感染并激励着我，是我不断前行的航向。在我博士求学期间，郭老师无论从学术专业到格局视野，还是从做事做学问到为人修身各方面的言传身教，都使我受用终身；尤其是在我的学业陷入茫然与困惑时对我的指点与启迪，犹如黑夜中的一座灯塔，引领我冲破迷雾，驶向彼岸。点点恩情汇于心，唯有今后扬帆奋蹄，砥砺前行，不断攀越学术高峰，方能不负老师今时今日的悉心教导与殷切希望。

其次，书稿的完成也离不开吴秋生教授的指导。吴老师在选题、文章结构、资料收集等方面多次提供开拓性的指导意见，指明了最新的学术方向，拓宽了我的学术思路，并且在后期不辞辛劳多次为这篇论文提出具体的修改意见，为论文的顺利推进打下坚实的基础。

同时，感谢李端生教授、袁春生教授、田祥宇教授在我学习和研究过程中提供的指导与帮助，为我找准学术方向，把握学科热点提供了有力支撑。感谢同门郭婧博士、郭伟博士、李玥博士、董屹宇博士、任灿灿博士在本书写作过程中给予我的帮助与鼓励。

最后，特别感谢我的父母和可爱的儿子，是你们一路上的陪伴与支持，理解与包容，使我告别过去的慵懒散漫，坚持走到现在。感谢父母，帮忙照看孩子、料理家务，我才有时间在繁重工作、生养子女、面对家庭琐碎之余，得以静心于学术；感谢儿子，陪伴你快乐成长的每一天，是妈妈回忆中最开心的时光。感谢你们一直以来的守护，这是我一路破浪前行的力量源泉。

"百舸争流，奋楫者先。千帆竞发，勇进者胜！"唯有奋力拼搏，勇于超越，面对求学过程中的种种困难与问题不松劲、不放弃，用"钉钉子"的精神，一点点研究，一点点突破，必能克服重重艰难险阻，抵达胜利的彼岸。

翟　君

2020 年 6 月